NEUROCIENCIA DE LA CONCIENCIA

UNA VISIÓN CRÍTICA DE SU ABORDAJE CIENTÍFICO ACTUAL

JAVIER BERNÁCER
(*Coordinador*)

NEUROCIENCIA DE LA CONCIENCIA

UNA VISIÓN CRÍTICA DE SU ABORDAJE CIENTÍFICO ACTUAL

tecnos

Valentín Beato, 21 - 28037 Madrid

PAPEL DE FIBRA CERTIFICADA

ISBN: 978-84-309-9389-5
Depósito Legal: M-18322-2025

Printed in Spain

ÍNDICE

PRÓLOGO

En 2014 Fundación Tatiana presentó en la Real Academia Nacional de Medicina su Plan de Apoyo a la Neurociencia Española. Los objetivos que nos marcamos fueron el fomento de la investigación neurocientífica en nuestro país y la financiación de contratos predoctorales para jóvenes científicos que realizaran sus tesis en España.

En estos años el Plan se ha ido haciendo realidad. Coordinado por la directora de nuestra Cátedra de Neurociencia en la Universidad Autónoma de Madrid y asesorado por nuestro Comité Científico, se han sucedido las convocatorias de contratos predoctorales y ayudas a proyectos de investigación. Hoy, más de 50 jóvenes han alcanzado el doctorado y comenzado una carrera investigadora. Más de 40 laboratorios han desarrollado sus proyectos financiados por la Fundación, algunos de ellos con prometedores resultados. Además, la Fundación ha impulsado la formación de los jóvenes neurocientíficos a través de cursos, del Simposio Anual «Fernando Reinoso» y de la Conferencia Internacional Anual «Fundación Tatiana», por donde han pasado eminentes neurocientíficos internacionales.

En 2021, este Plan se enriqueció con la creación del Centro Internacional de Neurociencia y Ética (CINET) de la Fundación. Su objetivo es promover la interdisciplinariedad en la investigación sobre el cerebro humano para desarrollar una ética comprehensiva, más allá del laboratorio. En estos años, ha financiado estancias posdoctorales, proyectos de investigación y ha realizado numerosos cursos de formación. La acogida internacional del nuevo Centro ha sido entusiasta entre científicos y filósofos de las universidades más prestigiosas del mundo, que ahora forman parte de nuestro Consejo Asesor.

Con este nuevo Centro queremos abrir un nuevo camino de avance en el conocimiento del cerebro. Estamos convencidos de que la neurociencia actual necesita potenciar la visión de conjunto y volver al cerebro real, vivo en una persona que interactúa con otras y con su entorno cultural y social. Parafraseando a Immanuel Kant, estamos convencidos de que «la Filosofía sin la Ciencia está vacía, y que la Ciencia sin la Filosofía está ciega».

La misión de CINET se centra en la formación de perfiles interdisciplinares que el futuro demanda ya con urgencia. Lo hace a través de becas posdoctorales y de programas de formación, abiertos a perfiles muy diferentes. Este *Libro* es el fruto de uno de ellos, dedicado a las propuestas neurocientíficas de explicación de la conciencia.

Como afirma el filósofo alemán Markus GABRIEL, los seres humanos somos conscientes, reflexionamos, hablamos, creamos arte, nos enamoramos. ¿Qué relación hay entre la conciencia y nuestro cerebro? En el camino de conocer el ser humano como algo objetivo surge el espíritu humano, que se escapa a la investigación científica, y solo se puede abordar ampliando el conocimiento a la filosofía, la psicología, etc.

Agradezco a Javier BERNÁCER, director científico de CINET, el trabajo que ha realizado para editar este *Libro*. Gracias a su esfuerzo, el resultado no es una mera transcripción de las sesiones del curso, sino un texto coherente y asequible para el lector. Agradezco también a todos los profesores y a los alumnos que participaron en el curso, su dedicación y entusiasmo.

El resultado es un libro con un enfoque muy original sobre un tema de gran importancia y especial actualidad en estos albores de la Inteligencia Artificial. La diversidad de voces y de enfoques es una invitación al debate y a la necesaria discusión entre científicos, humanistas y lectores sobre nuestra propia identidad como seres humanos.

TEODORO SÁNCHEZ-ÁVILA SÁNCHEZ-MIGALLÓN
Presidente de la Fundación Tatiana

CAPÍTULO 1

INTRODUCCIÓN

Javier Bernácer

En ciertos ambientes científicos anglosajones, se conoce a la conciencia como la «*c-word*». Esta expresión se emplea para designar a una palabra malsonante que empieza por la letra c. Como puede verse, algunos prefieren ni mencionar el término, no vayan a tener que lavarse la boca con lejía.

Dejando la pulcritud expresiva a un lado, resulta complicado encontrar un tema que suscite tanto interés como desconfianza, y que movilice a campos del saber tan diversos como la filosofía, la psicología, la neurociencia, la física, las matemáticas, la ética aplicada, la ingeniería, la informática, la anatomía, la química, y varias especialidades médicas como la neurología, anestesiología o psiquiatría, por citar algunas. En el día a día, fuera del ámbito académico, todo el mundo ha recurrido alguna vez a la conciencia y sus derivados para expresar algo acerca de sí mismo o de los demás. Sin embargo, si pidiéramos una definición, nos encontraríamos un largo silencio seguido de un gesto de desdén. La conciencia es uno de esos conceptos que, aunque omnipresentes en nuestras vidas, nos resultan casi imposibles de definir.

El problema en el mundo académico es el contrario: existen demasiadas definiciones de conciencia. En un artículo publicado en 2019 en la revista científica *Nature Human Behavior*, más de medio centenar de investigadores —la mayoría neurocientíficos— explicaban los retos y las oportunidades de una ciencia de la conciencia en desarrollo. Su objetivo era mostrar cómo podía impulsarse este *nuevo* campo de investigación científica. Los autores comienzan con una delimitación conceptual muy clara, con la que la mayoría de las tradiciones filosóficas estarían de acuerdo: la conciencia se refiere a la presencia de experiencias subjetivas. Si uno quiere explicar científicamente la conciencia, tiene que dar cuenta de cómo aparecen esas experiencias subjetivas. Aparece entonces el problema de concretar qué es una *experiencia subjetiva,* pues al incluir esta casi cualquier cosa relativa a la mente humana, no parece resultar muy útil como delimitación conceptual. Los propios autores, en el desarrollo del artículo, mencionan una gran lista de aspectos y discusiones relacionados con la comprensión de la conciencia: es una propiedad de la percepción de ciertos estímulos; se puede adscribir o no a los animales; se podría detectar en personas naturalmente dormidas, anestesiadas, con distintas patologías, o en máquinas; tiene que ver con el bienestar psicológico; se relaciona con la responsabilidad moral; la autoconciencia o reconocimiento de uno mismo, así como la metacognición —reflexionar sobre lo pensado—, son tipos especiales de conciencia; hace que seamos lo que somos. Esta lista supone demasiada diversidad, por no decir confusión, para llevar a cabo un estudio científico.

Los filósofos analíticos, por lo general, son muy buenos en ofrecer definiciones precisas de términos complicados. John Searle (1932), filósofo de la mente norteamericano, en un artículo académico en *Annual Review of Neuroscience*, afirmaba que la conciencia es fácil de definir: «Consiste en los estados internos, cualitativos, subjetivos, y en los procesos de sensación (*sentience*) o percatación (*awareness*)». A continuación, afirma que «incluye todo, desde sentir dolor hasta percibir objetos visualmente, estados de ansiedad y depresión, resolver crucigramas, jugar al ajedrez, tratar de recordar el número de teléfono de tu tía, discutir sobre política o simplemente desear ser otra persona». Parece que estamos como al principio: una definición aparentemente clara, pero con una extensión inabarcable. Sin embargo, Searle, quien afirma que «algunos, no todos, de los problemas de la conciencia van a tener una solución neurobiológica», ofrece una serie de rasgos que se aplican solo a la conciencia, y pueden ayudar a su estudio científico. Distingue un primer rasgo esencial, seguido por otros seis de importancia ligeramente inferior. En atención al primero, las experiencias conscientes son cualitativas, subjetivas y unitarias. Pongamos un ejemplo para entender este primer rasgo: mi experiencia al oler una rosa fresca tiene una cualidad característica —mi percepción del olor de la rosa, distinta de oler una lila o de ver el color rojo—, que *yo* experimento, y que forma un todo con el resto de experiencias del campo consciente. Tras esta característica esencial, Searle propone que los estados conscientes siempre apuntan a un objeto —intencionalidad—, tienen que ver con la atención, con la emoción, con el placer y el dolor, tienen una estructura gestáltica o de conjunto, y un cierto grado de familiaridad. Esto, en palabras del filósofo analítico, es la «lista de la compra» para orientar la investigación neurocientífica de la conciencia.

El objetivo de los párrafos iniciales de este capítulo introductorio es mostrar que el estudio de la conciencia es tan complejo como parece, y que deberíamos exigir a cualquier teoría científica una explicación clara acerca de cuáles de estos rasgos afronta y cuáles deja fuera. Antes de explicar los contenidos de este *Libro*, es justo hacer dos apuntes metodológicos. El primero es que el texto está basado en un curso en línea impartido por el Centro Internacional de Neurociencia y Ética (CINET), de la Fundación Tatiana, entre enero y abril de 2023. Contó con alrededor de cincuenta alumnos en fases muy distintas de su vida profesional —desde estudiantes de Grado hasta catedráticos, pasando por profesionales de empresa—, y de campos muy diversos —filosofía, neurociencia, matemáticas, psicología, ingeniería, etc.—. Por lo general, las sesiones de una hora eran seguidas por una animada discusión con la misma duración. Los contenidos de este *Libro* han sido redactados por el autor de esta introducción, pero la autoría intelectual pertenece a los profesores que impartieron cada una de las clases. Todos ellos han revisado cada uno de sus capítulos, y han confirmado que el texto se ajusta a sus lecciones[1].

El segundo apunte metodológico es que, en cierto sentido, supone un fracaso escribir un libro interdisciplinar que tenga unos capítulos iniciales filosóficos, y presente luego los científicos. Siempre hemos defendido que la auténtica interdisciplinariedad es la que parte de la realidad que se quiere estudiar, y, como siguiente paso, desarrolla nuevos métodos para entenderla sin desvirtuarla. Esto supondría, en el campo que nos ocupa, que la conciencia no fuera estudiada por neurocientíficos, físicos, filósofos o ingenieros, sino por investigadores de la conciencia. Sin embargo, el mundo, hoy por hoy, es como es: tenemos filósofos, médicos, ingenieros, neurocientíficos, psicólogos, etc. Vemos con esperanza la existencia de científicos con formación en filosofía, filósofos que saben de neurobiología, e ingenieros conocedores de las ciencias de la mente. El futuro ideal tendría investigadores sobre la conciencia, o sobre el complejo mente-cuerpo, o sobre el problema mente-cerebro, a los cuales no tuviéramos que presentar como neurocientíficos, filósofos o psicólogos: el objeto de estudio lo diría todo sobre ellos, y no haría falta recurrir a constructos creados por la burocracia y la historia universitarias.

Tras esta especie de disculpa, justifiquemos la estructura del libro: el objetivo concreto del mismo, y del curso en el que está basado, es presentar y discutir las teorías científicas contemporáneas de la conciencia. Por encima de este objetivo específico, aparece otro más general: poten-

---

[1] La excepción es el cuarto capítulo, redactado por el propio profesor que impartió la sesión, el filósofo Juan ARANA.

ciar la capacidad crítica de los estudiantes e investigadores, para lo cual es importante establecer un marco contextual previo, que contenga: 1) un desarrollo histórico de la investigación llevada a cabo sobre el tema, para entender el caldo de cultivo en el que crecen las teorías contemporáneas; 2) una explicación del contexto filosófico contemporáneo en el que surgen los modelos empíricos; y 3) una visión filosófica crítica ante la empresa de naturalización de la conciencia, para poder evaluar si los científicos superan las dificultades de manera exitosa, o si al menos son conscientes de las limitaciones de sus modelos. Siguiendo este camino, la aparente división entre disciplinas que plantea el libro es consecuencia de aportar la visión más holística posible, aunque para ello primero haya que ocuparse de los asuntos filosóficos, y después de los científicos.

La estructura del libro es la siguiente. Después de esta introducción —Capítulo 1—, en el Capítulo 2 presentamos el estudio de la conciencia en el contexto histórico del problema mente-cerebro. Gracias al recorrido que realiza José Ignacio MURILLO —filósofo de la Universidad de Navarra—, se observa que el estudio de la conciencia como tal es muy reciente, surgido en la filosofía analítica, y consecuencia de la herencia de DESCARTES. Por ello, MURILLO propone que nos traslademos veinticinco siglos atrás, y consideremos la propuesta de la filosofía griega para estudiar el intelecto humano. De esta forma, llegaremos a una conclusión que, hoy día, resulta rompedora: olvidémonos de la conciencia como rasgo esencial del ser humano, y centrémonos en el conocimiento intelectual. En el Capítulo 3 se desarrollarán en profundidad las corrientes filosóficas contemporáneas acerca de la conciencia, y que se situarán, fundamentalmente, en las tradiciones analítica y fenomenológica. Pablo Emanuel GARCÍA —filósofo del CONICET y la Pontificia Universidad Católica Argentina (CIIVIDS)—, de forma exquisitamente sistemática, nos muestra la visión de los principales filósofos de nuestra época, cómo definen términos como los *qualia*, la conciencia fenoménica, la conciencia de acceso o el yo, y cómo tratan de superar los obstáculos a través de ejemplos y experimentos mentales. Gracias a ese capítulo, conoceremos en profundidad el pensamiento de Daniel DENNETT, Dan ZAHAVI, Derek PARFIT, John SEARLE, David CHALMERS o Thomas NAGEL, entre otros. Sin embargo, como lo importante no es su biografía, sino poner el foco en la protagonista de este *Libro*, desmenuzaremos sus investigaciones en las cuestiones relevantes para la conciencia.

En el Capítulo 4, Juan ARANA —miembro de la Real Academia de Ciencias Morales y Políticas de Madrid— explica por qué aún no ha podido explicarse la conciencia desde un punto de vista científico, y por qué nunca se conseguirá. El núcleo central de su argumento es que una explicación científica supone someter al objeto en cuestión —en este caso, la conciencia— a las leyes de la naturaleza. Pero estas, a su vez, tienen su origen en la propia conciencia. Al poner al ser humano como objeto del estudio científico, se descarta lo subjetivo, es decir, la propia conciencia. En conclusión, tratar de explicar la conciencia desde un punto de vista objetivo es una imposibilidad lógica.

Pero el libro no termina en el cuarto capítulo. Entonces, ¿cómo presentar las teorías científicas de la conciencia, si estas, según el capítulo anterior, son lógicamente imposibles? En primer lugar, porque aquí no se imponen respuestas, sino que se presentan distintas posturas para que el lector, una vez formado, pueda decantarse por unas u otras. En segundo lugar, porque, como se decía más arriba, es legítimo que un modelo de la conciencia trate de explicar algún aspecto de la misma, siempre y cuando aclare sus alcances y limitaciones. Así, la teoría del espacio de trabajo global, presentada por Gabriel Madirolas —físico de la Universidad de Toulouse—, hace una aproximación a la conciencia de acceso, es decir, al proceso por el cual los estímulos perceptuales alcanzan el foco de nuestra atención. En principio desarrollada por el científico cognitivo Bernard Baars, y después llevada al cerebro por Stanislas Dehaene, la teoría propone una red de estructuras cerebrales que interactúan y compiten para entrar en nuestro espacio consciente. A continuación, Javier Sánchez-Cañizares —físico y teólogo de la Universidad de Navarra— nos ayuda a entender uno de los modelos más prometedores y controvertidos del panorama actual: la teoría de la información integrada de Giulio Tononi. Partiendo de unos postulados fenomenológicos claros, este modelo desarrolla un formulismo basado en la teoría de redes para explicar la conciencia como un máximo de información en el sistema. Una de las consecuencias más llamativas de esta aproximación es que prácticamente cualquier entidad, como, por ejemplo, un protón, puede tener conciencia, y, por tanto, experiencias subjetivas.

El Capítulo 7 desarrolla la teoría temporoespacial de la conciencia de Georg Northoff, filósofo, neurocientífico y psiquiatra alemán afincado en Canadá. Uno de sus colaboradores, Javier Gomez-Pilar —ingeniero de telecomunicaciones de la Universidad de Valladolid—, explica cómo Northoff desarrolla novedosos análisis de datos funcionales cerebrales para explicar varios rasgos de la conciencia: el contenido, el acceso, la estructura y el nivel. Mientras que la mayor parte de los estudios sobre el cerebro se centran en la actividad evocada por un estímulo, la aproximación de Northoff da importancia a la actividad espontánea del cerebro. A partir de aquí, establece un modelo explicativo sobre la interacción entre el mundo, el cerebro y la mente gracias a las dinámicas espaciotemporales comunes entre ellos. Finalmente, Lorena Chanes —física y neurocientífica de la Universidad Autónoma de Barcelona—

explica cómo ha expandido la teoría del *cerebro predictivo* —o procesamiento predictivo— en diálogo con la neuroanatomía. Esta teoría explica tanto el funcionamiento cerebral como el mental partiendo de que los estímulos no impactan en un sujeto de forma pasiva, sino que este ya tiene una disposición a recibirlos de cierta manera. Como consecuencia, se produce una *señal de sorpresa* que actualiza las predicciones. Frente a los modelos que apuntan a las regiones frontales o parietales del cerebro como los directores de orquesta de estos procesos, el diálogo que CHANES establece con la neuroanatomía lleva a concluir que las regiones límbicas deben llevarse este reconocimiento.

En definitiva, este *Libro* pretende mostrar de manera equilibrada el estado actual de las teorías científicas de la conciencia, poniendo un gran esfuerzo en presentarlas en su contexto histórico y conceptual. Invitamos al lector a que se sumerja en ellas, y emita un juicio crítico sobre su capacidad explicativa. De hecho, le sugerimos que apueste con un colega si la neurociencia ha encontrado o encontrará los correlatos neurales de la conciencia. Dos de los grandes expertos mundiales en el campo, David CHALMERS y Christof KOCH, se jugaron una caja de buen vino hace veinticinco años. Si quiere saber quién lo ganó, tendrá que llegar al epílogo de este *Libro*. Pero no sea impaciente: no vale llegar a la meta saltándose el camino.

Tenemos la impresión de que disfrutará mientras lo recorre.

CAPÍTULO 2

LA CONCIENCIA EN EL CONTEXTO HISTÓRICO DE LA FILOSOFÍA

JOSÉ IGNACIO MURILLO

Sobre las corrientes filosóficas. Contextualizando el problema.
El error de DESCARTES, y el de DAMÁSIO. El alma de los griegos.
Lo propio del ser humano no es la conciencia.

I

En este capítulo, no se pretende llevar a cabo un estudio exhaustivo sobre lo que los principales autores o corrientes filosóficas han dicho sobre la conciencia, sino señalar los hitos que han marcado la comprensión de este tema a lo largo de la historia del pensamiento. Solo así se podrá entender la aproximación actual a la conciencia, tanto desde la filosofía como desde las ciencias experimentales. Cualquier investigador, sea cual sea su campo de especialización, se acerca a sus temas con una mochila cargada de ideas, métodos, prejuicios, preferencias, etc., que ha recibido de sus antecesores. Procurar volverse conscientes de esta carga y de cómo afecta en el camino ayuda a entender mejor el contexto en el que se nos presenta cada problema, reconocer los recursos de que disponemos para abordarlo y estar preparados para abrir nuevas y, a veces, inesperadas sendas en la empresa del saber.

Alguien ajeno al mundo académico puede considerar que *la filosofía* es un campo del saber homogéneo. Nada más lejos de la realidad. Las personas que la cultivan, tienen, eso sí, algo en común: se enfrentan a la realidad con deseos de conocerla y tratan de explicarla de la manera que les parece más adecuada. Esta suele coincidir con aquella con que se han comprometido en su vida académica. Cuando alguien crea escuela y desarrolla un modo característico de enfrentarse a la realidad, surge una corriente filosófica, tal como la fenomenología, el idealismo, el empirismo, el pragmatismo o el aristotelismo. Dentro de las escuelas hay una gran diversidad, pero las personas que se adscriben a alguna de ellas suelen compartir más cosas que las que las separan.

Hoy día, la filosofía dominante es, en buena medida, la corriente analítica, cuya aportación al estudio de la conciencia se explicará con más detalle en el siguiente capítulo. Esta comenzó a desarrollarse a principios del siglo XX, un período de gran interés en la historia del pensamiento, caracterizado por una renovada pretensión de rigor científico, que tomaba como modelo la lógica, a la que, en un primer momento, quiso incluso reducir la matemática. En los orígenes de la filosofía analítica, el tema estrella fue el lenguaje, en particular el lenguaje científico. La mayoría de sus representantes en los primeros tiempos, como Bertrand RUSSELL, Gottlob FREGE o Ludwig WITTGENSTEIN, eran considerados tanto lógicos como filósofos. Esta nueva sensibilidad filosófica consideraba a la ciencia como la principal fuente de conocimiento y tendía a desdeñar las propuestas metafísicas que habían desarrollado los filósofos anteriores. A pesar de los numerosos cambios y transformaciones que la filosofía analítica ha experimentado a lo largo de este último siglo, este espíritu continúa en buena medida vigente: sigue muy presente la convicción de que es la ciencia experimental la que puede producir un verdadero progreso en el conocimiento de la naturaleza.

Por otra parte, sea coincidencia o no, aunque esta forma de hacer filosofía no surgió solo en el mundo anglosajón, se desarrolló ante todo en él. Este hecho coincidió con la adopción del inglés como idioma de la ciencia y que buena parte de las instituciones científicas de más reputación sean las del mundo anglófono. No parece sorprendente, en semejante contexto, que filosofía analítica y ciencia experimental se apoyen mutuamente perpetuando para aquella una posición de dominancia.

Alrededor de los años 70 del siglo XX, la filosofía analítica se interesó por la investigación sobre el cerebro y por la relación de este órgano con el ámbito de lo mental. Unos años antes, en 1962, Francis O. SCHMITT había creado el «Programa de Investigación en Neurociencia» en el Instituto Tecnológico de Massachusetts, que pretendía atraer a cualquier disciplina que estudiara el sistema nervioso. Este fue uno de los primeros usos de la palabra *neurociencia*. El cerebro[1] ha sido

[1] A lo largo de este *Libro*, en algunas ocasiones y con el propósito de hacer la lectura más llevadera, se tomarán «cerebro» y «sistema nervioso» como sinónimos. Esto es erróneo: el

objeto de estudio desde los primeros esbozos del saber científico. De hecho, al menos desde el siglo VI a.C., se ha relacionado con las facultades cognitivas. Durante el siglo XX, una serie de avances técnicos y de hallazgos biológicos impulsaron el interés por el estudio de esta parte del ser humano, un interés que sigue vigente, e incluso se ha incrementado.

El filósofo analítico se asomaba a la ventana de la ciencia y descubría asombrado la complejidad del cerebro, y el esfuerzo del neurocientífico para relacionarlo con la actividad mental. Sin dudarlo, decidió remangarse y tirar del carro junto a él, separando los aspectos de la mente que podían ser estudiados por la ciencia experimental de aquellos que resultaban abstractos o imprecisos. Pero el analítico se encontraba con el cerebro y la conciencia, junto con la convicción de que debían estar relacionados de alguna manera. ¿De cuál?

Para responder a esta pregunta, surgieron las versiones contemporáneas de algunas tesis como el monismo, el dualismo, o el emergentismo. El primero propone que solo una de estas entidades —sistema nervioso o conciencia— es real, decantándose normalmente por el cerebro. Según el segundo, ambos existen de manera independiente, aunque conviven de alguna forma en el ser humano. Finalmente, el tercero propone que lo primigenio es el sistema nervioso, y que de él emerge la mente, que tiene entidad real. En cualquiera de los casos, el problema a solucionar es gigantesco.

Para alguien dedicado a la antropología filosófica, el filósofo analítico se encuentra en un callejón sin salida. No es solo que los problemas que afronta sean gigantescos, sino que, tal como los plantea, resultan irresolubles. Cuando alguien, en virtud de su método, intenta analizar la conciencia para proporcionar conceptos claros y distintos al científico, suele separarse de la realidad. Del mismo modo, si se estudia el sistema nervioso como si fuera una entidad en sí mismo, independiente de la actividad mental y del resto del cuerpo, también se aleja de la realidad del ser humano.

La antropología filosófica parte, sin embargo, de la complejidad del ser humano. Su objetivo es integrar todos los saberes que versan sobre él, sean científicos o procedentes de diversas corrientes filosóficas, para entender qué es un ser humano y encontrar cuál es el sentido de su existencia. Este espíritu es el que la vuelve interesante para desatascar la situación. Pero, para conseguirlo, es preciso plantearse con rigor la cuestión del método que resulta más adecuado para estudiar cada

---

primero es solo una parte del segundo, si bien es cierto que parece ser el componente más importante, al menos para el tema que nos ocupa.

aspecto de la realidad y para integrar los saberes, evitando que una perspectiva reductiva previa nos limite a aquello que es accesible desde ella.

II

¿Qué entendemos por conciencia? Todos reconocemos la diferencia entre estar conscientes y no estarlo, porque tenemos experiencia de ello. En este punto, resulta útil la famosa afirmación de Agustín DE HIPONA (354-430) con respecto al tiempo, en el libro undécimo de las *Confesiones*: «¿Qué es, pues, el tiempo? Si nadie me lo pregunta, lo sé; pero si quiero explicárselo al que me lo pregunta, no lo sé». Con la conciencia nos ocurre lo mismo. La diferencia tan obvia que se experimenta entre estar consciente y no estarlo dificulta concretar los rasgos esenciales que definen la conciencia. La filosofía analítica trata de definir con precisión *eso* que caracteriza al fenómeno de la conciencia, si bien, al hacerlo, la considera de un modo bastante simple. Como contrapunto, conviene recordar que Klaus DÜSING (1940-2023) consideraba que la filosofía de la mente actual —la rama de la filosofía analítica que se preocupa por estos temas— toma una noción de conciencia muy elemental, demasiado pobre, y que se beneficiaría de acudir a corrientes filosóficas que la han tratado de otro modo, como el idealismo alemán en el que la conciencia ocupa un lugar central. Y es que la filosofía analítica tiende a estudiar la conciencia como un fenómeno elemental, como algo que ocurre en nosotros, a modo de un fogonazo o resplandor. Por el contrario, tradiciones tan dispares como el idealismo o el aristotelismo ponen el énfasis en el *portador* de la conciencia, bien sea entendido como sujeto —en el caso del idealismo—, o como cognoscente —en el caso de ARISTÓTELES—. En otras palabras, para estas corrientes distintas de la filosofía analítica, la conciencia no es algo que sucede, sino un rasgo o una actividad de aquel en quien se da.

Si nos centramos en la conciencia como fenómeno, fácilmente perdemos la subjetividad, es decir, el reconocimiento de que ese fenómeno *se da* en alguien. Es algo que también ha puesto de manifiesto otra tradición filosófica muy interesada en la conciencia: la fenomenología. Esta carencia resulta evidente, sin embargo, en la mayoría de los investigadores que divulgan la neurociencia al gran público. Por ejemplo, para el laureado neurocientífico António DAMÁSIO (1944), nuestro cerebro es como una máquina de realidad virtual que genera un mundo interior. Pero, ¿quién es el que percibe esta realidad virtual? Si no hay un sujeto o cognoscente que se apropia de ella, el planteamiento es vacuo. No es lo mismo producir realidad virtual que contemplarla. Quizá por esto, algunos filósofos de la mente y neurocientíficos de gran impacto social que defienden posturas monistas materialistas —es decir, la tesis de que lo único realmente existente es el sistema nervioso—, adoptan posturas cercanas al budismo, según el cual el yo sería una ilusión que conviene disolver.

Hay otros sentidos de la conciencia, más allá del «fenómeno» de la conciencia, que resaltan la importancia del sujeto. Para empezar, se puede entender la conciencia como estado de alerta, la cualidad de estar despiertos. Como se decía antes, experimentamos de una manera muy evidente la diferencia entre estar conscientes o no estarlo, como ocurre durante el sueño profundo. De hecho, entendemos la inconsciencia en relación con la conciencia, como ausencia de esta. En segundo lugar, también podemos entender la conciencia como algo que ocurre cuando conocemos. Es, en primer lugar, la conciencia de que estamos sintiendo. Si pisamos un cristal, el reflejo flexor hará que retiremos nuestra pierna antes de ser conscientes de que nos hemos pinchado, pero un instante después sabremos que hemos recibido un estímulo nocivo. También se da en situaciones que no tienen por qué requerir una respuesta. Por ejemplo, al percibir una manzana sabemos que estamos conociéndola de manera unitaria. Haciendo un esfuerzo, podemos separar su textura de su aroma, pero de forma inmediata percibimos todas sus cualidades a una, y somos conscientes de que ejercemos ese conocimiento. En tercer lugar, en otro nivel, también somos conscientes de que entendemos. Este es el tipo de experiencia que tiene alguien que comprende el teorema de Pitágoras o la noción de justicia. De este modo nos encontramos ante un objeto distinto de nosotros mismos que no es sensible, pero resulta perfectamente cognoscible. En último lugar de esta enumeración, que no pretende ser exhaustiva, también podemos mencionar la conciencia de que actuamos, de ser responsable de nuestras propias acciones. No puedo actuar en sentido pleno, humanamente, sin saber que soy yo el que actúo. Este nivel es muy importante, y también es irreductible a cualquiera de los anteriores: conocer algo, sea sensible o abstracto, no nos hace sentirnos responsables. Sin embargo, la acción sí: nos involucra. En este caso, además, la conciencia está orientada a los fines que se propone el sujeto, aquello que, en algún sentido, considera bueno. Para un experto en antropología filosófica, esto es crucial: *mathematica non sunt bona*, como traducía Tomás de Aquino (1225-1274) en la *Suma Teológica* la afirmación de Aristóteles (384-322 a.C.) en el libro III de su *Metafísica*. Las matemáticas no dicen nada de lo bueno o lo malo, sino que solo expresan hechos. Los seres vivos, sin embargo, no pueden entenderse sin hacer referencia a lo que les conviene o perjudica, es decir, lo bueno y lo malo. Esto es patente en la comprensión de cualquier ser vivo, pero en la actividad voluntaria se pone especialmente de manifiesto para el sujeto que la ejerce.

Estas cuatro maneras de entender la conciencia —como estado de alerta, como autoconocimiento del sentir, del entender inteligible y de las propias acciones— tienen puntos en común, pero también características y matices que impiden reducirlas a una sola. ¿El problema de la conciencia está bien enmarcado si solo nos centramos en una de ellas, o incluso en el aspecto común que comparten todas ellas? No, pues estaremos perdiendo lo propio de cada una. Un examen teórico de la conciencia que, por tratar de simplificar, elimine la riqueza de sus matices, es inadecuado.

III

La filosofía analítica no fue la primera en tratar de reducir la conciencia para hacerla accesible a un estudio riguroso. Sin lugar a dudas, el gran hito filosófico a este respecto fue el pensamiento de Descartes (1596-1650). Su método supuso un replanteamiento de la antropología y de la propia filosofía, y todavía hoy experimentamos las consecuencias del giro que supusieron sus meditaciones. Este filósofo francés pretendía alcanzar nociones claras y distintas para poder avanzar en el estudio de la realidad, incluyendo el ser humano. Con respecto a este, sus conclusiones incontrovertibles fueron que cada uno de nosotros tenemos un pensamiento a través del cual nos reconocemos a nosotros mismos; y que, además, tenemos un cuerpo. El primero de los aspectos es la *res cogitans*, o cosa pensante, y el segundo es la *res extensa*, o cosa con extensión, con materia. De aquí surge el dualismo cartesiano, que es la base del dualismo contemporáneo. Conviene aclarar por qué la postura de Descartes es tan sólida y ha levantado tanto revuelo a lo largo de la historia. Puedo dudar de todo, pero, si pienso, nos advierte Descartes, sé con certeza que existo. El sujeto cartesiano se reconoce como pensante y, sobre todo, como quien quiere, pues dudar —esa «duda metódica» con la que procuraba depurar nuestro conocimiento— es una acción que emprende voluntariamente.

Pero, al hacerlo, no comparece ni su cuerpo ni, por tanto, su cerebro. Por eso, cuando llego a convencerme de que también tengo un cuerpo, me encuentro con la dificultad de conciliar dos realidades tan distintas. Y es que Descartes no está afirmando solamente que el ser humano esté formado por dos aspectos distintos, sino que pensamiento y materia —mente y cuerpo, para emplear términos más comprensibles— son dos realidades, dos sustancias, *completamente independientes*. De la misma manera que dos personas pueden cooperar para alcanzar un fin, el cuerpo y la mente colaboran para dar lugar al ser humano. Como curiosidad, DESCARTES planteó la hipótesis de que esa colaboración se daría en la glándula pineal, una pequeña estructura insertada en la profundidad del cerebro. Dada su posición en el centro de la cabeza, el pensador francés supuso que podría estar a cargo de una función tan importante.

El ser humano, por tanto, se reconoce como una mente capaz de discurrir sobre las cuestiones más elevadas, pero se da cuenta también de que tiene un cuerpo, fuente de enfermedades y malestares. Es fácil acertar por cuál de los dos se decantó DESCARTES como realidad más importante del ser humano: el pensamiento. Una vez más, hay un matiz a resaltar para comprender la aportación cartesiana: este pensamiento, esta mente con existencia independiente, es pensamiento sobre uno mismo. Este es el rasgo definitorio del ser humano: la autoconciencia. Esto supone un cambio de mentalidad con respecto a la naturaleza. Para empezar, siendo esta la característica fundamental del ser humano, el animal —no humano— es simplemente *res extensa*. Ellos no son sustancia pensante de ninguna manera, sino solo cuerpos que actúan como autómatas.

Otra consecuencia de grandes dimensiones es que DESCARTES, sin proponérselo, funda la psicología moderna. En el siguiente apartado se discutirá el origen del prefijo *psico-*, por su relevancia con el tema que nos ocupa. Baste avanzar, por el momento, que antes de DESCARTES la psicología era el estudio de los seres vivos, de las actividades vitales como tal. El foco no estaba puesto en su actividad mental como la entendemos hoy día. Para el filósofo francés, la única actividad mental que merece la pena estudiar es la autoconsciente. La psicología queda así restringida al estudio de la mente consciente y de otros aspectos humanos solo por relación a la conciencia, incluyendo aquellos que, por no ser conscientes, denominamos inconscientes haciendo precisamente referencia a ella.

En 1994, António DAMÁSIO publicó un libro de divulgación de gran impacto social, titulado *El error de* DESCARTES. En él, ponía voz a aquellos pensadores, una inmensa mayoría, que disentían de un dualismo ingenuo. El principal mensaje del libro era que DESCARTES estaba equivocado porque el pensamiento no es independiente del sistema nervioso, como propuso él. DAMÁSIO sustenta su crítica en una postura monista materialista, es decir, parte del hecho de que lo único realmente existente es el sistema nervioso. Esto conlleva sus propias dificultades, y, si soluciona algún problema, crea otros irresolubles. Para nuestros intereses, el error de DESCARTES va más allá, y consiste en separar sustancialmente dos aspectos inherentes del ser humano, su cuerpo y su actividad mental. No solo es descabellado concebir una *res cogitans* independiente de un cuerpo, sino también, y este es el error de DAMÁSIO, pensar en el cuerpo como un conjunto de mecanismos desde los cuales emana, de una manera inexplicable, la actividad mental. El problema que generó DESCARTES, y que arrastran DAMÁSIO y tantos otros, es separar al viviente en dos entidades independientes, la objetiva —el cuerpo— y la subjetiva —la autoconciencia—.

No siempre fue así. Desde el comienzo de la filosofía, y durante muchos siglos, lo característico del ser humano y del resto de vivientes era que tenían alma. Pero, ¿qué es el alma? Es muy probable que el lector se esté imaginando algo completamente distinto a lo que los filósofos griegos se referían.

IV

En su albor, la filosofía surge como un saber teórico: se quiere saber por qué el saber es valioso en sí mismo. ARISTÓTELES comienza su *Metafísica* afirmando que todos los seres humanos desean saber por naturaleza, precisamente porque es el mayor bien al que pueden aspirar. Los primeros filósofos, los griegos presocráticos, intentan entender la realidad sin apoyarse en los mitos, sino en sí misma y tal como se da en presente. El filósofo parte de lo que está presente, y trata de buscar un fundamento en presente. Los primeros textos que conservamos muestran que el ser humano no era el problema fundamental que trataban de esclarecer, sino entender el universo, el todo, *ta panta*. El ser humano es un ser más, efímero. También estaban interesados en lo práctico, pero para ello se basaban en la experiencia, en lo que podían aprender de los mayores, y en la religión. El universo está por encima de esto, ya que es lo eterno, lo inmortal. Estos filósofos aspiraban a explicar lo efímero a partir de lo permanente, y no al revés: explíquese primero lo eterno, y de esta manera se podrá dar cuenta de lo temporal.

Tras las grandes aspiraciones de los inicios, llega la crisis de la sofística. Los sofistas eran astutos oradores que pretendían echar por tierra ese deseo de comprender la realidad, sin proponer ninguna alternativa. Es famoso el *Elogio de Helena*, de GORGIAS (alrededor del 460-380 a.C.), en el que demuestra la inocencia de Helena de Troya desde todos los puntos de vista posibles, tomando caminos que son contradictorios entre sí. El sofista era capaz de que su interlocutor afirmara una cosa y después su contraria, porque lo importante no era la verdad del tema en cuestión, sino la capacidad de convencer al otro. Es la primera crisis relativista en la historia del pensamiento. En este caldo de cultivo surge SÓCRATES (470-399 a.C.), un gigante de la filosofía decidido a derribar al sofista de pies de barro. Él es quien formula, por primera vez de forma teórica, filosófica, la noción de alma. En griego clásico, el alma es la *psyché*, que, como se apuntaba antes, es el origen etimológico del prefijo *psico-* que empleamos hoy día para referirnos a lo mental[2]. Uno de los primeros usos del término *psyché* aparece en *La Ilíada* de HOMERO (siglo VIII a.C.), y se refiere al último aliento que expulsa el guerrero antes de morir. Con él, se va el alma. Para SÓCRATES, en cambio, el alma es el yo, lo que me hace ser quien soy, y también lo que tengo que mejorar si quiero mejorar real e íntegramente. Según él, es importante saber, pero también la orientación hacia el bien verdadero que deriva de este. Es preciso investigar qué es lo bueno y poder juzgar qué merece la pena perseguir. Robert SPAEMANN (1927-2018) afirma que la pregunta clave de SÓCRATES no es cómo conseguir lo que deseamos, sino qué deseamos verdaderamente. Esto es la virtud: la perfección del alma. Volvemos al principio: ¿qué es el alma? Es el principio del ser humano, lo que le hace ser quien es. En principio, el cuerpo es importante en la medida en que es *mi* cuerpo, parte de mí mismo, pero para SÓCRATES no es objeto principal de preocupación.

RAFAEL puso en el centro de su *Escuela de Atenas* a los dos mejores alumnos de SÓCRATES: PLATÓN y ARISTÓTELES. Ellos afrontaron el tema de la corporalidad que había evitado su maestro, y lo llevaron a cabo de maneras opuestas. PLATÓN refuerza el aspecto espiritual del alma, identificando al ser humano con ella, y afirmando que el cuerpo es su sepulcro. Retomemos la actitud de los filósofos presocráticos: entender lo efímero a partir de lo eterno. Para PLATÓN, lo permanente ya no son los cuerpos celestes, sino las ideas. Estas no dependen de que haya seres humanos que las conozcan. Sin embargo, pueden hacerlo a través de su alma, ya que existe una cierta afinidad entre ellos. El alma es afín a lo permanente, por poder conocer las ideas, y por tanto, también es inmortal. Como puede comprobarse, DESCARTES no es el único culpable, ya que PLATÓN empieza a plantear el dualismo alma-cuerpo: por una parte, tenemos algo afín a lo permanente, a lo inmortal, y relacionado con el bien; por otra, existe algo puramente material, que apunta a la decrepitud del ser humano.

ARISTÓTELES propone un replanteamiento de la noción de alma. Para él, es el objeto de lo que hoy distinguimos como biología y psicología, dos campos del saber contiguos. Acudiendo a la definición que aporta el filósofo de Estagira, el alma es el acto primero de un cuerpo organizado. Esto dice poco si no se está familiarizado con su pensamiento. En térmi-

---

[2] Curiosamente, el *Diccionario de la Real Academia de la Lengua Española* se ciñe a esta terminología clásica, y define a la «psique» como el alma.

nos más llanos, el alma es aquello que distingue formalmente a los cuerpos vivos de los que no lo están. Esto es muy elocuente. Es lo que diferencia al perro vivo del perro muerto, que ya no es otra cosa que carne de perro. Sin embargo, el perro vivo —o perro a secas— no es un trozo de carne, como después propondría DESCARTES, sino un cuerpo organizado capaz de ejercer las actividades propias del perro. Al hablar de los seres humanos, rara vez empleamos el término de «ser humano muerto»; para ello, hablamos de «cadáver», o, de forma todavía más alineada con esta noción aristotélica, de «cuerpo sin vida». El alma, por tanto, es lo que *anima*[3] al cuerpo y le da la organización que le corresponde. ¿No es este planteamiento también dualista? No, porque el alma no es algo que venga de fuera, sino una organización intrínseca a la propia materia que hace que sea lo que es. Mucho más tarde, ya en el siglo XX, algunos filósofos como BERGSON (1859-1941) hablaron de la *élan vital* como una fuerza que hace que se desarrolle el organismo. Este tampoco es el caso del alma aristotélica, porque, de nuevo, es un principio intrínseco al propio cuerpo. Sin tratar de reducir una a la otra, la genética bien entendida —considerando a los genes en su dinámica dentro del organismo, e incluyendo la epigenética— tiene mucho que ver con esta noción de alma, aunque no es este el lugar para detenernos en ello. El planteamiento aristotélico propone que el principio organizador no se puede confundir con la materia, pero la requiere. Por ello no es dualista: no hay *res extensa* ni *res cogitans* independientes, sino que ambos son principios inseparables —pero distinguibles— de una única realidad. Dualidad, sí, pero no dualismo.

Solo hace falta levantar la vista, o cerrar los ojos y centrarse en uno mismo, para comprobar que el ser humano tiene alma. Si está leyendo este *Libro* en un parque, al mirar a su alrededor descubrirá otros seres que, de modo igual de evidente, tienen alma o, dicho de otro modo, están animados: el mencionado perro, las urracas que pelean por el bocadillo caído de un niño, o el árbol que nos da sombra. Más arriba tenemos las nubes que se mueven con el viento, pero algo nos hace pensar, intuitivamente, que el alma no es algo que les pertenezca a ellas. Para ARISTÓTELES, quien tiene la mejor biología fundamental que se ha desarrollado hasta la fecha, el alma permite al ser vivo llevar a cabo las actividades que le son propias, que dependen de su propia complejidad. Así, el árbol se preocupa de nutrirse, crecer y reproducirse; las urracas, además de tener estas funciones, son capaces de percibir el mundo gracias al conocimiento sensible: a través de la vista, el oído, el

[3] Téngase en cuenta que el término latino para la *psyché* es el *anima*. Por ello es tan natural hablar del alma como el principio que anima al cuerpo.

olfato, el tacto y el gusto entran en un contacto más íntimo con la realidad, y son capaces de organizar sus tendencias en función de lo que conocen.

El ser humano, además, es capaz de *apropiarse* de la realidad a través del conocimiento intelectual. Esto se tratará un poco más adelante. La gran aportación de ARISTÓTELES es que el alma permite al ser vivo llevar a cabo unas actividades muy especiales, que él llamó inmanentes o perfectas. Recordemos el legado de SÓCRATES, su maestro: todo tiende a un fin. Cualquier actividad está dirigida a un objetivo, algo que se quiere alcanzar. Para ARISTÓTELES, hay actividades que no son del todo perfectas —y las llama transitivas—, porque no perfeccionan a quien las ejerce, sino que modifican lo externo, y, sobre todo, porque están condenadas a cesar precisamente cuando se ha alcanzado el fin, la perfección. Por ejemplo, construir una casa —cuando ya está la casa terminada, ya no se construye— o caminar —cuando hemos llegado al destino, ya no estamos caminando—. Sin embargo, las actividades propias de los seres vivos poseen el fin mientras se están realizando: el fin de la visión es ver, y sé que estoy viendo porque veo estas letras, que son el objeto de la vista, es decir, su fin. Ver se caracteriza por la convivencia simultanea entre la actividad y lo visto. El alma, así, permite realizar acciones perfectas que poseen el fin mientras se llevan a cabo. Según su grado de perfección, permite a los seres vivos —vegetales, animales y humanos, en este orden— realizar acciones cada vez más elevadas.

Esto nos está llevando a la tesis principal de este capítulo: lo más característico del ser humano no es tanto la conciencia en ninguna de sus versiones como tener un tipo de alma, una forma de vida, que le hace capaz de llevar a cabo una actividad que solo él puede realizar: en dos palabras, el conocimiento intelectual.

V

La actividad vital propia del ser humano es el conocimiento intelectual. Esto no significa que aquellas personas que no pueden llevarlo a cabo no sean humanas, o merezcan un trato inferior. Una cosa es la capacidad y otra su ejercicio, que puede estar a veces impedido. Seguimos teniendo el espíritu de los primeros filósofos, y nuestra aproximación a la realidad es meramente teórica. Solo estamos describiendo lo que distingue a ese ser tan peculiar que somos nosotros del resto de vivientes conocidos, admitiendo que en cada uno de los individuos de la especie puede haber una gran diversidad. En términos aristotélicos, el intelecto es el *nous*, que en sentido estricto se debe traducir como inteligencia.

Hoy en día se emplea esta palabra para cuestiones que abrirían las carnes a Aristóteles, como la inteligencia artificial. Para él, esta expresión es un oxímoron: la inteligencia solo puede ser natural, porque es una actividad de algunos seres vivos, en concreto de los seres humanos. Un artefacto no puede llevarla a cabo.

Pero, además, al intelecto le corresponde, para Aristóteles, una condición inmaterial. La vista depende de la luz, el oído de las ondas sonoras, pero la inteligencia está abierta a toda la realidad, y esto es incompatible con la materia, que limita el rango de receptividad de las capacidades cognitivas orgánicas. El ser humano se plantea qué es lo real en sí mismo, más allá de su apariencia. Esto es lo que nos capacita para hacer ciencia, pero también para conocernos a nosotros mismos. El intelecto capacita a la autoconciencia cartesiana, pero va más allá y añade matices que la propuesta de Descartes prefería obviar.

Cuando la filosofía de la mente contemporánea se encuentra con el problema mente-cerebro, da por hecho que puede conocer el cerebro, y que haciéndolo llegará a descifrar todos los secretos del ser humano. Aquellos pensadores que defienden que vivimos en una realidad construida por nuestros cerebros, por tanto, tienen un problema muy serio: ese cerebro que aspiran a conocer, sobre el que van acumulando datos, no sería más que una simulación creada… por sus propios cerebros. Resulta angustioso, sí, pero, sobre todo, ¡profundamente contradictorio! Afirmamos que solo conocemos una simulación, pero estamos convencidos de que sabemos que es el cerebro el que la produce. ¿Por qué no iba a ser este también una simulación? Por otra parte, ¿qué sentido tendría la aspiración a cualquier conocimiento, si en realidad nunca estamos accediendo a la realidad?

Aristóteles propone que empezamos a conocer la realidad a través de los sentidos. El conocimiento de lo verdadero, que queda sustentado en el conocimiento sensible, se lleva a cabo a través del *nous*. De esta manera, alcanzamos una verdad que no se encuentra como tal en lo sensible, pero que podemos aprehender de ello. En este punto, si seguimos de la mano del griego, nos tocará dar un salto que quizá nos resulte incómodo: mientras que, por ejemplo, el conocimiento sensible visual depende del ojo, el conocimiento intelectual no es orgánico. Esta afirmación resulta disonante en nuestros tiempos, en los que consideramos que el cerebro es causa necesaria para poder ejercer la inteligencia. Necesitamos un cerebro que *funcione* correctamente para llevarla a cabo. Aristóteles no le dio importancia a nuestro sistema nervioso a este respecto, pero se debe recordar la relevancia que tenía el cuerpo en su planteamiento: cuerpo y alma son imprescindibles para que un animal realice las actividades que le son propias. El cuerpo humano permite al organismo llevar a cabo una operación única, el intelecto, pero esta operación en sí no es orgánica. Los objetos de la operación —p. ej., aquellos que terminan con la comprensión del teorema de Pitágoras— se pueden entender por el cuerpo. De hecho, podríamos estudiar las regiones cerebrales que se activan cuando alguien comprende o pone en práctica el teorema de Pitágoras. Sin embargo, la *comprensión* de dicho teorema no está en el cerebro. Manipulando el cerebro no conseguiremos mejorar el conocimiento del teorema, ni haremos que una persona que lo ignora llegue a comprenderlo. Como mucho, podremos hacer que lo olvide, pero el teorema o se comprende o no se comprende. Una relación matemática es objetiva, y no depende de que el cerebro se conozca más o menos. Se necesita el cerebro para pensarla, es indudable, pero no se reduce a ningún funcionamiento cerebral. Usemos otro ejemplo más práctico: podemos estudiar las regiones cerebrales que se activan al percibir o realizar actos justos, pero la noción de justicia no está en el cerebro, sino en el intelecto del ser humano.

Antes decíamos que separar de una manera tan clara el intelecto del cerebro resulta estridente en nuestros días, pero algunos grandes neurocientíficos han reconocido este problema. Por ejemplo, el premio Nobel sir Charles Scott Sherrington (1857-1952) decía que hay algo que se escapa a la noción de energía, y que es la mente. Pero, incluso quienes reconocen la magnitud del problema, difícilmente caen en la cuenta del enigma que supone establecer la relación entre nuestra capacidad de conocer la realidad tal como es y el cerebro que la hace posible.

Las cavilaciones de Aristóteles con respecto a este tema fueron objeto de fuertes disputas entre sus seguidores, y todavía hoy se discute qué interpretación del *nous* terminó teniendo el griego. En *De Anima* dice claramente que *viene de fuera*, refiriéndose seguramente a que no es una parte del organismo. Cuando los filósofos medievales, islámicos o cristianos, estudiaron sus escritos, fueron por distintos caminos. Avicena (980-1037) concluyó que existía un único *nous* que iluminaba el intelecto de cada ser humano en el momento de conocer algo. Tomás de Aquino era de la opinión de que cada uno de nosotros tiene un *nous*, que, al ser inmaterial, preserva la capacidad de entender, de saber y de querer tras la muerte. Sin embargo, la importancia del cuerpo es tal que llega a afirmar que esa alma inmortal no es persona, porque es una realidad incompleta, que solo tiene sentido mantener porque es posible la resurrección de la carne. Algo que, por cierto, él no solo consideraba una verdad de fe, sino una conclusión racional.

Aunque esta es otra historia, un tanto alejada de los intereses de este *Libro*.

CONCLUSIÓN

La tesis principal de este capítulo es que el estudio de la conciencia se ha descontextualizado y que enfrentarse al problema tal como lo hicieron los antiguos griegos puede resultar fructífero hoy día. La conciencia es un problema menor comparado con el hecho de que quien escribe estas líneas es un animal capaz de conocer la realidad intelectualmente, hacer ciencia, preguntarse por el fundamento último de la realidad, o la relación de su cerebro con la conciencia y con el saber. Se puede aceptar que la conciencia, tal como se trata en el mundo académico hoy día, sea un problema que merezca la pena estudiar, pero siempre que no se separe del gran problema del saber. Para quien cultiva la antropología filosófica, la gran pregunta que hay que plantearse es qué hace al ser humano ser ese animal tan peculiar. La respuesta pasa por explicar la naturaleza de su cuerpo y de su intelecto. Solo a partir de ahí se puede tratar adecuadamente el problema de la conciencia.

LECTURAS RECOMENDADAS

ARISTÓTELES, *Sobre el alma*, Madrid, Gredos, 1999.

BLANCO, Carlos, *Historia de la neurociencia*, Madrid, Biblioteca Nueva, 2014.

FUCHS, Thomas, *Ecology of the brain*, Oxford, Oxford University Press, 2017.

GARCÍA-VALDECASAS, Miguel; MURILLO, José Ignacio; BARRETT, Nathaniel, *Biology and Subjectivity. Philosophical contributions to non-reductive neuroscience*, Nueva York, Springer, 2016.

KENNY, Anthony, *Tomás* DE AQUINO *y la mente*, Nueva York, Routledge, 1993.

MURILLO, José Ignacio, «Mente-cerebro», en *Diccionario Interdisciplinar Austral*, editado por Claudia E. VANNEY, Ignacio SILVA y Juan F. FRANCK. URL=https://dia.austral.edu.ar/Mente_-_cerebro

— «¿Es posible una aproximación científica al estudio de la conciencia? La ciencia, la filosofía y el problema de la conciencia», en CARBONELL, Claudia y FLAMARIQUE, Lourdes, *De simios, ciborgs y dioses. La naturalización del hombre a debate*, Madrid, Biblioteca Nueva, 2016.

POLO, Leonardo, *Quién es el hombre. Un espíritu en el mundo*, Madrid, Rialp, 1991.

SANGUINETI, Juan José, «Conciencia», en *Diccionario Interdisciplinar Austral*, editado por Claudia E. VANNEY, Ignacio SILVA y Juan F. FRANCK. URL=https://dia.austral.edu.ar/conciencia

— *Filosofía de la mente*, Madrid, Palabra, 2007.

SPAEMANN, Robert, *Personas: acerca de la distinción entre «algo» y «alguien»*, Pamplona, EUNSA, 2010.

CAPÍTULO 3

LA CONCIENCIA EN LA FILOSOFÍA CONTEMPORÁNEA

Pablo Emanuel García

Murciélagos y filósofos. La primera y la tercera persona. ¿Existen los *qualia*? Creando el mundo, o abriéndose a él. El yo y la conciencia.

I

En el capítulo anterior, se aportó un marco conceptual alternativo al modo mayoritario de abordar la conciencia en el mundo académico actual. Ha llegado el momento de explicar en detalle cuál es esa aproximación que va a favor de corriente. La filosofía de la mente actual es la rama de la filosofía analítica que estudia el problema de la conciencia, y su relación con el sistema nervioso. A partir de aquí surgen afluentes de gran importancia, como el problema de la libertad, la comparación entre la inteligencia artificial y la natural, o la posibilidad del conocimiento de la verdad, por citar solo tres de ellos. Este capítulo tendrá como disciplina troncal la filosofía de la mente, y por tanto, la analítica, pero expondrá también otras visiones alternativas contemporáneas como la que considera los aportes de la fenomenología. Ambas tienen en común la intención de proponer un marco filosófico que pueda entrar en diálogo con la neurociencia, la psicología, la psiquiatría, las ciencias de la computación, y cualquier otra disciplina científica interesada en las funciones mentales y su implementación. Este capítulo está organizado en torno a cuatro debates contemporáneos que involucran a la conciencia de una u otra manera: las perspectivas de primera y tercera persona, el problema de los *qualia*, el internismo frente al externismo, y el problema del yo. Cada uno de estos bloques se sitúa en el marco general del estudio de la conciencia y en la posibilidad de su naturalización, poniendo el énfasis en distintos aspectos que han sido debatidos en la filosofía contemporánea. En ellos, se han seleccionado los representantes que han dado respuestas antagónicas a cada uno de los problemas planteados, para que el lector escoja cuál le resulta más convincente, o incluso si ninguno de ellos plantea los temas de manera adecuada. El devenir de este capítulo, por tanto, no es cronológico ni trata de manera exhaustiva a los autores más influyentes, sino estructurado según los aspectos de la conciencia sobre los que merece la pena reflexionar.

¿A qué nos referimos con la conciencia en este caso? El mejor modo de empezar a plantear el problema es recurrir a un artículo de 1974, publicado por Thomas Nagel (1937) en la revista especializada *Philosophical Review*. A pesar de ser una obra académica, la obviedad del problema que presenta y su claridad expositiva hace que sea accesible para cualquier lector de lengua inglesa. El título es ya lo suficientemente elocuente para comenzar la reflexión: «What is it like to be a bat?» ¿Qué se siente siendo un murciélago? ¿Cómo es ser un murciélago? Si uno se toma la pregunta en serio, la única respuesta posible es que no sabemos. Este filósofo americano nacido en Belgrado no escoge al murciélago de manera inocente, sino con mucha intención: este mamífero alado no conoce el mundo a través de ninguno de los sentidos que nos resultan familiares, sino gracias a un sentido al que nosotros solo podemos acceder por analogía, la ecolocalización. Lanza una serie de ondas sonoras, y capta el eco que produce al rebotar con los cuerpos que se hallan en las proximidades. De esta manera, el animal sabe con precisión qué se encuentra a su alrededor, y puede llegar a capturar presas en movimiento. Por ello, Nagel pregunta al lector qué puede sentir un ser humano que se plantea ser un murciélago, o que incluso se implanta un dispositivo de ecolocalización lo más parecido posible al del quiróptero. Esta es solo la pregunta fácil. A continuación, pasa a una capa más profunda y dispara la pregunta definitiva: ¿qué siente un murciélago siendo un murciélago? Aunque pudiéramos desarrollar un órgano como el de este animal, y nos priváramos del resto de sentidos, seríamos seres humanos experimentando de forma vicaria, diferida, lo que siente un murciélago. Por esta razón, la única respuesta sensata y sincera es que no tenemos absolutamente ni idea de qué se siente al ser un murciélago.

De este experimento mental se pueden ir desgranando los debates relacionados con la conciencia, y que se han mencionado en los párrafos anteriores. El trasfondo de ellos es que no solo no podemos saber qué siente el murciélago siendo él mismo, sino que tampoco podemos saber con todo detalle qué siente otro ser humano siendo él o ella misma. El primero de los problemas es una cuestión metodológica, que discute acerca de qué perspectiva es la adecuada para acometer el estudio de la conciencia: la primera persona —la introspección— o la tercera —la observación—. El segundo debate tiene que ver con la existencia o no de los *qualia*, es decir, de la experiencia en sí misma y de la constatación —para algunos autores— de que hay estados mentales que se experimentan de un modo peculiar. En tercer lugar, se tratará la discusión entre los internistas y los externistas, que no es sino una discusión acerca de si podemos conocer o no el mundo: ¿los contenidos de nuestros estados mentales vienen de la realidad o son creados por el sujeto que conoce? Por último, se discutirá el tema del yo. Hay filósofos que opinan que este no tiene nada que ver con la conciencia, y otros para los que es un aspecto troncal.

Un debate que subyace a todos estos, y por eso se presenta en esta sección introductoria, es la posibilidad de naturalización de la conciencia. Este problema será tratado en profundidad en el siguiente capítulo, pero conviene mencionarlo aquí para mostrar lo que algunos autores tienen en mente para enfrentarse a los debates. La expresión «naturalización de la conciencia» fue planteada inicialmente por la fenomenología, y pretendía discutir sobre si la conciencia puede ser explicada desde las ciencias experimentales. Una versión extendida de esta cuestión es si en algún momento podrán encontrarse los correlatos neurales de la conciencia, es decir, la determinación clara y distinta de qué regiones cerebrales están causalmente implicadas en la experiencia consciente. ¿Es posible llevar a cabo esta empresa sin caer en el reduccionismo? Ned Block (1942), filósofo analítico estadounidense, admite que hay experiencias y actos conscientes: existe el dolor y podemos reflexionar sobre él. Sin embargo, esto no quita que podamos explicar la conciencia desde las ciencias naturales. Como se tratará más adelante, una de las grandes contribuciones de Block es la distinción entre conciencia fenoménica y conciencia de acceso. La primera corresponde a la experiencia subjetiva, y la segunda es la información que está disponible para que un agente ponga en marcha funciones cognitivas superiores, como el razonamiento o el lenguaje. Es un buen ejemplo de los esfuerzos de un filósofo analítico para establecer distinciones con la pretensión de ser incontrovertibles. Por tanto, Block no niega la importancia de la experiencia subjetiva, pero afirma que incluso esta es accesible por las ciencias experimentales. Dan Zahavi (1967), fenomenólogo danés, es, sin embargo, más escéptico: si naturalizar la conciencia es explicarla *solamente* desde las ciencias naturales, no es aceptable, pues sería alterar su realidad. El diálogo entre disciplinas debe considerarse como una iluminación mutua. El método debería ser posterior a la realidad: primero habría que describir algunos rasgos fundamentales de la conciencia, y después elegir qué método de estudio empleamos.

Algunos de los temas presentados en este capítulo pueden parecer discusiones de café y tertulia para que los filósofos se diviertan. Sin embargo, sería bueno que el lector reflexionara sobre las posibles repercusiones que pueden tener desde un punto de vista práctico. Dando un tinte dramático, la postura que se tome en cada debate puede afectar al devenir de la humanidad. Por ejemplo, si la *realidad* es una construcción de nuestros cerebros o mentes, nuestra obligación moral de tratar a los seres humanos con respeto no es más que una apariencia. Más aún, en ese caso, ¿por qué no vivir en un *metaverso* en el que uno pueda realizarse como le venga en gana? ¿Por qué no recurrir al uso de drogas que alteren los estados de conciencia, y nos lleven a otros más placenteros? Si nuestra conciencia no es más que una función implementada por nuestro sistema nervioso, ¿por qué no desarrollar dispositivos sintéticos de larga duración que puedan ejecutarla de la misma manera, o incluso de forma más efectiva? Sí, esta pregunta plantea la posibilidad de la inmortalidad.

¿Empieza a verse ahora la dimensión práctica de estos problemas?

II

El primer debate trata sobre qué punto de vista es idóneo para el estudio de la conciencia: la primera o la tercera persona. Para ello, se expondrán las reflexiones de dos filósofos analíticos —Daniel DENNETT (1942-2024) y John SEARLE (1932)—, de uno de los fundadores de la neurofenomenología —Francisco VARELA (1946-2001)—, y de otro fenomenólogo con un enfoque propio en estos debates —Dan ZAHAVI (1967)—. En realidad, esta discusión suele tomarse como una de las maneras de plantear el problema mente-cerebro, aunque estrictamente no discuta la relación entre la corporalidad y la actividad mental. Ya desde antiguo, al preguntarse por la naturaleza de los seres vivos, y en particular de los humanos, se plantea la posibilidad de acceder a ellos desde fuera, como si fueran un objeto más de los presentes en el mundo, pero también hacia dentro, volviendo sobre nosotros mismos para descubrir las peculiaridades de nuestra actividad mental, y la posibilidad de aplicar los hallazgos a los demás por analogía.

En 1991, el mediático filósofo americano Daniel DENNETT publicó el libro *La conciencia explicada*. Partiendo de la filosofía analítica, y en diálogo con la neurociencia, la psicología, las ciencias cognitivas y computacionales, trata de cumplir con el título de la obra y proponer un método a través del cual la conciencia deje de ser un misterio. La existencia del libro que ahora está leyendo, junto con las grandes iniciativas para profundizar en el estudio de este rasgo de la vida humana, hacen pensar que el éxito de la obra fue solo parcial. Aun así, merece la pena aproximarse a ella para comprender la postura de este ingenioso pensador. DENNETT pone el peso en la tercera persona. En la página 84 de la versión castellana de su libro, puede encontrarse lo siguiente: «El desafío reside precisamente en construir una teoría de los eventos mentales, utilizando los datos permitidos por el método científico. [...] Tal teoría solo podrá construirse a partir del punto de vista de la tercera persona, porque toda ciencia se construye desde esta perspectiva». Aquí se manifiesta la necesidad autoimpuesta de la filosofía analítica de ofrecer sus reflexiones a la ciencia experimental, como se indicaba en el capítulo anterior. Solo los datos objetivos propios del método científico pueden ser útiles para encontrar la verdad de cualquier tema, aunque sea en principio tan íntimo como la conciencia. La perspectiva en primera persona, que parte de la experiencia del sujeto, no tiene relevancia para definir científicamente algo. Hay que dejar de lado la descripción de nuestros estados subjetivos, y centrarse en las expresiones o comportamientos de los sujetos. En este libro, DENNETT se inventa una nueva disciplina, la *heterofenomenología*, que es capaz —en su opinión— de estudiar la conciencia a partir de lo que se manifiesta en la conducta. Este filósofo no es eliminativista, como otros analíticos contemporáneos —siendo la más representativa Patricia CHURCHLAND (1943)—, que proponen que la actividad mental es un subproducto sin importancia de la actividad cerebral. Para DENNETT la conciencia existe, pero es puramente biológica, una expresión de nuestro cerebro cuyo estudio puede reducirse al de las bases corporales del cual emerge.

No debemos caer en el error de asumir que cualquier filósofo analítico se va a decantar por la tercera persona. John SEARLE piensa lo contrario. En la página 85 de su libro *El redescubrimiento la mente* —originalmente *The rediscovery of the mind*—, se pregunta: «¿[p]or qué debemos suponer que todos los hechos del mundo son igualmente accesibles a las pruebas convencionales y objetivas de tercera persona?». Esta es una suposición, un planteamiento *a priori*, que hay que cuestionar. Según él, hay realidades *ontológicamente subjetivas*, que dependen intrínsecamente de la existencia de un sujeto, y para poder explicarlas hay que remitir ineludiblemente a quien las vivencia. «Ontológico» es una palabra muy frecuente en filosofía, y que se refiere al ser de las cosas en su sentido más profundo. Un ejemplo de realidad ontológicamente subjetiva es el dolor. ¿Cómo podemos explicarlo sin referencia al sujeto? Podemos estudiar —y explicar— la neurofisiología del dolor, cómo el estímulo nervioso asciende desde la zona afectada hasta la corteza cerebral, posibilitando su percepción consciente. Sin embargo, esto no explicará la experiencia dolorosa en sí. Hay realidades que reclaman la experiencia del sujeto. Otro caso más complejo es la libertad, que implica la experiencia subjetiva de no saber qué decidir. Sin esta experiencia, la libertad no puede entenderse. Además de estos, SEARLE cita otros ejemplos como el dinero, la presidencia, o el matrimonio, todos ellos incomprensibles si tratamos de verlos solo de manera objetiva: el dinero sería un trozo de papel sin apenas valor, un presidente no podría existir sin tener en cuenta la voluntad de los votantes implicados en su elección, y el matrimonio requiere la voluntad libre de dos personas para establecer un compromiso de por vida. Por otro lado, existen realidades ontológicamente objetivas, como los átomos, los volcanes o la fotosíntesis, que pueden explicarse sin hacer referencia a un sujeto que los experimente. Estas realidades son lo que son independientemente de si existe o no un individuo que las vivencie de determinada manera.

Y así como SEARLE habla de lo ontológicamente subjetivo y objetivo, también distingue entre objetivo y subjetivo desde el punto de vista epistémico, es decir, ya no desde el ser de las cosas, sino desde lo que podemos conocer de ellas. En este punto, rechaza todo interés por la subjetividad epistémica: eso son gustos personales, y la filosofía no debe preocuparse por ellos. Sin embargo, puede aspirarse a la objetividad epistémica —el conocimiento objetivo— de lo ontológicamente subjetivo: en contra de DENNETT, es posible alcanzar un conocimiento objetivo de las realidades de primera persona.

Francisco VARELA está en la misma línea que SEARLE, aunque desde la tradición fenomenológica. Este pensador chileno fue un brillante investigador interdisciplinar que contribuyó a la creación de una nueva corriente de pensamiento, la neurofenomenología. En el capítulo «Neurophenomenology: An introduction to neurophilosophers», escrito por Evan THOMPSON, Antoine LUTZ y Diego COSMELLI, se explica que el objetivo de esta disciplina «no es *cerrar* la brecha explicativa (en el sentido de una reducción conceptual u ontológica), sino más bien *tender un puente* sobre la brecha al establecer restricciones recíprocas dinámicas entre la experiencia subjetiva y la neurobiología» (p. 89)[1]. ¿Qué quieren decir los autores con esta frase? Desde la perspectiva de primera persona conocemos unas cosas, y desde la de tercera, otras. Cerrar la brecha entre ambas supondría reducir una a la otra, lo cual alteraría la realidad de

---

[1] La traducción de este texto y de todos los de este capítulo, a no ser que se exprese lo contrario, han sido realizadas por el profesor Pablo E. GARCÍA.

las cosas. Por el contrario, tender un puente sería integrar las dos: es la circulación neurofenomenológica, que pretende incorporar ambas para entender la experiencia global del ser humano. Los datos de primera persona se vinculan con la información que procede del estudio de los procesos cerebrales, que corresponden a la tercera persona. La experiencia se puede ordenar y sistematizar con el método procedente de la filosofía, en concreto, la fenomenología. También puede enriquecerse con la metodología de algunas religiones orientales, como el budismo —según la opinión de estos autores—. Lo importante es alcanzar una descripción rica y sistemática de la experiencia en primera persona, que pueda vincularse con el estudio objetivo llevado a cabo por las ciencias.

Dan ZAHAVI se encuentra en sintonía con los neurofenomenólogos. Como postura filosófica, asume también la fenomenología. En la página 674 de *Phenomenology* afirma lo siguiente: «La razón por la que los fenomenólogos han estado tan preocupados en describir y analizar las características fundamentales de la subjetividad [...] es que se han convencido de que una comprensión filosófica completa de las estructuras de conocimiento, verdad, significado, referencia, debe incluir una investigación de la perspectiva de primera persona». Cualquier conocimiento de la realidad, sea cual sea su ontología —también algo objetivo como la fotosíntesis—, reclama el análisis de la primera persona. Su rechazo, opina ZAHAVI, se ha dado por un falso dilema entre la objetividad y la subjetividad. Para él, ambas perspectivas son objetivas, y también subjetivas: pensar que existe una perspectiva en tercera persona pura es la *ilusión objetivista*. Este investigador también quiere tender puentes entre ambas perspectivas, más que cerrar la brecha, pero pone el énfasis en que esa comunicación tiene que ser bidireccional: cuando se hace ciencia objetiva, la subjetividad no desaparece, sino que simplemente se pone entre paréntesis.

III

El término *qualia*, plural de *quale*, fue introducido en filosofía por el pragmatista Charles S. PEIRCE (1839-1914). Hace referencia a la experiencia subjetiva que tenemos cuando sentimos algo: el verde intenso del cuaderno que tengo delante, el calor seco que experimento en el verano del centro peninsular español, el dolor al golpearme el dedo meñique del pie con un mueble, o el enfado que experimento ante una afrenta cometida contra mí. Todas estas experiencias necesitan ineludiblemente referirse a *mí*, a un sujeto que las experimenta. Volviendo a Thomas NAGEL y su murciélago, es la experiencia que acompaña a los estados concientes. Si soy consciente es porque estoy experimentando algo: eso, no ese algo, sino la *experiencia de ese algo*, es un *quale*. De primeras, parece innegable la existencia de estas experiencias subjetivas. Al poner a funcionar la maquinaria filosófica, empiezan a surgir preguntas más comprometidas: ¿todos los actos conscientes se acompañan por una dimensión subjetiva? ¿Hay estados conscientes que no se pueden experimentar? ¿Puede experimentar una máquina? ¿Los *qualia* existen en la realidad, en el mundo exterior, o son solo subjetivos, y existen únicamente dentro de mí? Como hacíamos en el apartado anterior, vamos a ir viendo distintas posiciones de pensadores de referencia contemporáneos.

Daniel DENNETT, en un trabajo anterior a *La conciencia explicada*, niega la existencia de los *qualia*, algo que sigue manteniendo en su carrera intelectual. Considera que son una manera extraña de referirnos a algo muy familiar para nosotros, y que es el modo en que las cosas nos parecen ser. Serían inefables, privados hasta el punto de que no se pueden comunicar a otra persona, y, eso sí, inmediatamente presentes en la conciencia. Y como para DENNETT la conciencia es algo cuya realidad hay que poner en entredicho, los *qualia* caen en el mismo saco. La experiencia consciente, para él, es una ilusión, y los *qualia* tienen el mismo estatuto ontológico que Santa Claus o el conejo de Pascua. Aunque para nosotros su experiencia sea muy real, y podamos pensar que existen, estamos absolutamente equivocados. Esto le lleva a concluir que cualquier diferencia entre un humano leyendo la matrícula de un coche, y un sensor artificial detectándola, es nula. La experiencia subjetiva de la percepción es irrelevante. Tampoco deberíamos establecer ninguna diferencia entre un ser humano escribiendo un ensayo y la recopilación de un texto por parte de una inteligencia artificial como ChatGPT.

David CHALMERS (1966), filósofo analítico australiano, no es partidario de este punto de vista. En relación con el estudio que nos ocupa, es famoso por haber enunciado los problemas fáciles y el problema difícil de la conciencia. Los fáciles podrán ser resueltos por las ciencias experimentales en algún momento, y él los etiqueta como problemas cognitivos: cómo nos expresamos, cómo manejamos la información que tenemos para resolver problemas, cómo deliberamos para realizar una acción, etc. Sin embargo, no atisba una posible solución al problema difícil, que es la experiencia subjetiva que acompaña a la percepción. ¿Cómo podemos acceder a esta desde las ciencias experimentales? Podríamos hacer como DENNETT y considerar que estas experiencias subjetivas en realidad no existen. Sin embargo, en ese caso ya no estaríamos en el planeta Tierra, sino en un mundo alternativo poblado por zombis: réplicas nuestras sin la capacidad de tener percepciones subjetivas. Vistos desde fuera, serían como nosotros, pero les faltaría lo fundamental, lo que nos hace ser quien somos.

Frank JACKSON (1943) no solo comparte con CHALMERS las cualidades de ser filósofo analítico y australiano, sino también la defensa de la existencia de los *qualia*. Su entrada en el Olimpo de la filosofía contemporánea ha sido gracias al planteamiento de un experimento mental que explica con una claridad meridiana la importancia de los *qualia*: según uno responda afirmativa o negativamente a la pregunta de JACKSON, se posicionará como defensor u opositor a la existencia de estas *entidades*. Como puede verse, los filósofos analíticos manejan con gran éxito el arte de los experimentos mentales. Frank JACKSON nos invita a pensar en Mary, una neurocientífica experta en la neurobiología de la percepción del color, y, más aún, de la percepción del color rojo. Mary conoce todo lo que sabemos en este momento, y todo lo que nos queda por saber, acerca del modo en que nuestro sistema nervioso procesa el color rojo, desde la retina hasta la corteza cerebral. Si por algún motivo hubiera otras zonas de nuestro cuerpo que fueran necesarias para tal percepción, Mary también las conocería. Es una experta en los correlatos corporales, físicos, de la percepción del color rojo. Por alguna extraña circunstancia, la peculiaridad de Mary de ser una experta mundial en este tema no es la única: vive en una habitación en blanco y negro. Toda su vida se ha desarrollado de esta manera: nunca ha experimentado el *quale* del color rojo, ni de ningún otro color. La pregunta de JACKSON es muy sencilla: si algún día Mary sale de su habitación, y se le presenta un libro con una tapa roja, ¿la percepción de ese color supondrá una experiencia nueva, una información novedosa para ella? JACKSON opina que sí; DENNETT diría que no. El lector puede evaluar en qué posición se sitúa.

John SEARLE da un paso más. En *El misterio de la conciencia* dice que la experiencia subjetiva no es solo el problema difícil de la conciencia, sino que es *el* problema, el único debate sobre el que merece la pena discutir. Si queremos saber qué es la conciencia, hay que incorporar tres elementos: cualidad, subjetividad y unidad. El dolor no se entiende sin experimentarlo de un determinado modo, sin que le ocurra a alguien, y sin experimentarlo como un todo. Nuestros estados conscientes no son atómicos, independientes entre sí, sino que se integran en nosotros. SEARLE afirma que incluso en nuestro conocimiento aparentemente más objetivo, como la suma dos más dos igual a cuatro, hay una dimensión subjetiva por ser una experiencia consciente. Lleva este hecho al extremo, defendiendo que la experiencia consciente ante algo del mundo exterior puede ser la misma que simplemente *imaginando* ese hecho. Por ejemplo, bebiendo un café caliente o imaginando que lo estamos haciendo. Más adelante se discutirá una extensión angustiosa de este tema: el cerebro en la cubeta.

Dan ZAHAVI no está de acuerdo con este último elemento. Para empezar, afirma que todos los problemas relativos a la conciencia son difíciles. Recurriendo a HUSSERL (1859-1938), fundador de la fenomenología, dice que los problemas «cognitivos» también son problemas difíciles, al contrario de lo que decía CHALMERS. Por ejemplo, uno puede encontrar unos símbolos incomprensibles en un libro, y poco a poco descubre que es un lenguaje al que le va encontrando sentido. Esto es puramente intelectual: no es la experiencia del dolor o de un color, y aun así supone la adquisición de una experiencia consciente irreducible a ninguna otra cosa. Todos los actos conscientes implican una determinada experiencia, sean sensibles o intelectuales, y esta irá variando según el tipo de objeto o de acto. Por ello, disiente de SEARLE en la necesidad de la experiencia, y no la mera simulación de la misma, para que se dé lo subjetivo.

IV

Los dos debates restantes tienen aspectos redundantes con lo que ya se ha tratado, por lo que se exponen de manera más breve. El primero de ellos se enuncia desde la filosofía como la controversia entre el internismo y el externismo. En términos más coloquiales, se puede plantear con la siguiente pregunta: el contenido de nuestros pensamientos, ¿viene dado por algo externo o por algo interno? Una vez más, la postura que se adopte tiene consecuencias potencialmente prácticas, y de carácter global. Nos puede llegar a plantear si podemos conocer el mundo que nos rodea, o si este es una mera simulación.

SEARLE es un ejemplo de pensador internista. Hace su propuesta en discusión con los que sostienen una inteligencia artificial fuerte, que, en términos académicos, con una cierta sorna, se denomina la GOFAI —*Good Old-Fashioned Artificial Intelligence*, que podríamos traducir como la inteligencia artificial de la vieja escuela—. Esta se refiere al viejo sueño de crear máquinas conscientes que puedan sustituir a los seres humanos, superando nuestras capacidades gracias a su mayor eficiencia en el tratamiento de datos. Hoy día, casi nadie en el campo es tan optimista como para seguir defendiendo la GOFAI, sino que los esfuerzos están centrados en el desarrollo de nuevos algoritmos para un análisis de datos más eficiente. Sea como fuere, SEARLE desarrolló parte de su pensamiento en convivencia con los defensores de la GOFAI, y trató de iluminarles a través de otro experimento mental de gran fama en el campo: la habitación china.

Según este experimento mental, podemos suponer que nos encierran en una habitación llena de cajas con símbolos en chino. Aunque no conocemos el idioma, contamos con un manual que nos permite manipular los objetos. Un tiempo después, por uno de los lados de la habitación, alguien ingresa otras cajas con nuevos símbolos que nosotros ordenamos según las indicaciones del manual. Desde un punto de vista externista, podría pensarse que sabemos chino porque recibimos una orden y damos una respuesta adecuada. Sin embargo, SEARLE critica que haya una interpretación real de la información. En su experimento, nosotros, que estaríamos dentro de la habitación, no sabemos absolutamente nada de chino mandarín, pero tenemos los manuales necesarios para vincular cada uno de los caracteres de la orden con la respuesta correspondiente. Respondemos sin saber qué decía la orden, ni tampoco qué supone la respuesta. No hay interpretación ni conocimiento de por medio. Con esto, SEARLE quiere mostrar qué hace una máquina, en el mejor de los casos, y las diferencias que hay con el conocimiento humano: en la primera todo el proceso se puede explicar desde el exterior, pero en el segundo lo realmente importante ocurre en el interior del proceso. La máquina puede llegar a establecer vínculos sintácticos, pero no entiende la semántica; por eso, en el caso del ser humano, lo importante no es el resultado, sino el acto del conocimiento.

Hilary PUTNAM (1926-2016) es un ejemplo de pensador externista. También fue muy popular por sus experimentos mentales, aún más ficticios que la habitación en blanco y negro de Mary, el planeta zombi, o la habitación china. En este caso, volvemos a un planeta alternativo, que es idéntico a la Tierra. De hecho, se llama la Tierra Gemela. Es exactamente igual que el nuestro en todos los sentidos, incluyendo el entorno en el que se encuentra, sus habitantes, y su propia historia. No es que sea gemela como dos hermanas gemelas lo son, sino que es una copia idéntica, salvo por una cosa: el agua. Vista desde fuera tiene las mismas propiedades que el agua de nuestra Tierra, pero no contiene dos átomos de hidrógeno y uno de oxígeno enlazados de determinada manera, sino que está compuesta por unos elementos extraños vinculados de una manera desconocida. De forma simplificada, esta agua es XYZ, en vez de H_2O. Si estuviéramos en el siglo XVI de ambos planetas y todavía no se hubiera descubierto la fórmula del agua, PUTNAM piensa que un habitante concreto de la Tierra, llamémosle Hilary, tendría un estado psicológico con respecto al agua igual que el de su gemelo en la Tierra Gemela, Hilary Gemelo. Pero, independientemente de que su estado mental (desear, imaginar, juzgar, etc.) fuera el mismo con respecto a lo que llaman agua, esta sería diferente en ambos planetas: Hilary estará hablando de conjuntos de dos moléculas de hidrógeno y una de oxígeno en una configuración determinada, y Hilary Gemelo de un compuesto de moléculas XYZ. Por tanto, la realidad externa es la que determina el contenido de nuestros estados mentales.

Es muy probable que el lector opine que ambas posturas, internismo y externismo, son razonables siempre y cuando se tomen de manera moderada. Una forma extrema de tomar el externismo sería tal como hace SEARLE en su experimento de la habitación china, y para aquellos que opinen que un sensor artificial, como puede ser un termostato, hace lo mismo que un organismo que modifica su conducta según el frío o el calor de su entorno. En este sentido, el internismo es razonable. Sin embargo, llevado al extremo, puede entenderse que el cognoscente aporta *todo* en el conocimiento, y la realidad no tiene ninguna importancia. Es más, si somos partidarios de pensar que todo mi ser puede explicarse por mi sistema nervioso, tendríamos que concluir que es mi cerebro el que construye la realidad. El mundo que nos rodea no es fuente del conocimiento. De hecho, ¿qué es el mundo que nos rodea? Podría no existir, sino ser simplemente una simulación creada por nuestros cerebros. A esto se refiere la famosa expresión «cerebro en una cubeta», que algunos pensadores, quizá por lo provocativo de la propuesta, parecen defender. Podríamos estar viviendo en una especie de *Matrix* creada por nuestro propio sistema nervioso. Esto, en términos popperianos, no es una teoría científica, porque no se puede falsar: no hay manera de diseñar un experimento que confirme o desmienta esta hipótesis. Además, como se discutía en el capítulo anterior, estaríamos diciendo que un cerebro con tales y cuales características está generando la ilusión, pero en realidad ese cerebro que creemos conocer tan bien no sería más que una pequeña ilusión creada dentro de la gran ilusión que es nuestra vida. No solo resulta angustioso, sino también inútil. Si hubiera que elegir entre pensar que se vive en una simulación o en un mundo real, es más recomendable lo segundo: nos va a hacer menos infelices, y nos va a ayudar a que tratemos con más respeto al resto de personas.

V

¿Existe un yo como fundamento de nuestros actos conscientes? ¿Acaso el yo no es una elaboración puramente conceptual sin fundamento en la realidad? ¿Cómo respondemos a la pregunta por quiénes somos? ¿Cómo conocemos la mente de los demás? ¿Es un conocimiento directo, o hacemos inferencias a partir de lo que observamos? Como tratábamos en el capítulo anterior, estas son las típicas cuestiones que se acaban planteando desde la filosofía analítica, pero que uno puede evitar si parte del viviente en primer término. Sea como fuere, al estar presentando los principales debates filosóficos actuales con respecto a la conciencia, merece la pena detenerse en lo que opinan los principales autores con respecto a la presencia o no de un yo.

Thomas METZINGER (1958) es un filósofo alemán famoso por su neuroescepticismo. Esto no significa que plantee dudas sobre la neurociencia o lo neurobiológico, sino que otorga un papel fundante al cerebro para negar cualquier otra realidad. Su famoso libro *Being no one*, que podría traducirse como «siendo nadie», comienza afirmando que no existen cosas tales como yoes en el mundo. Nunca nadie fue o tuvo un yo. Podemos, afirma METZINGER, reconocer que hay una cierta experiencia de un yo en cada uno de nosotros, pero los avances científicos no sugieren que esto sea porque exista un yo que perdura en el tiempo, sino que es una ilusión. Tenemos un cerebro muy complejo que es capaz de hacer modelos que parecen representar la *realidad*; uno de estos modelos es *autorrepresentativo*: el supuesto yo. El cerebro construye esta ficción por cuestiones evolutivas de subsistencia, y a través de él vemos la realidad. No existe un yo, sino un organismo con procesos. Este es el principal motivo para que METZINGER proponga el consumo de drogas psicodélicas que nos lleven a estados de conciencia más placenteros: como todos son falsos, escojamos el que nos haga disfrutar más. Él mismo piensa que esta propuesta no es intuitiva, pero defiende que es verdadera. Siendo una hipótesis íntimamente relacionada con los hallazgos científicos, sería justo demandarle que se sometiera al requisito de Karl POPPER y pudiera ser falsada. Una vez más, no parece que sea el caso.

Derek PARFIT (1942-2017) es uno de los grandes filósofos contemporáneos cuyas ideas no habían sido presentadas aún. Su principal campo de interés fue la filosofía moral, que no es lo que nos ocupa en este caso. Con respecto a la conciencia y el yo, su postura partía del materialismo reduccionista, es decir, de la hipótesis de que somos nuestros cuerpos, y, puestos a reducir, solo nuestro cerebro. En su primer libro, *Razones y personas*, publicado a mediados de los años 80, parte de la experiencia para decir que la conciencia es anónima: no hay nada que debamos considerar como «yo», sino simplemente unas conexiones psicológicas entre nuestros propios eventos mentales, así como entre estos y los de otras personas. Esta postura está basada en la de los filósofos empiristas británicos de los siglos XVII y XVIII, John LOCKE (1632-1704) y David HUME (1711-1776). Para ellos, tenemos la sensación de que somos un yo que perdura en el tiempo gracias a nuestra capacidad de autoconciencia y a nuestra memoria, pero esto es en realidad algo práctico: no hay nada *real* que subyazca a esta sensación. PARFIT, siguiendo el signo de los tiempos, recurre a experimentos mentales de ciencia-ficción para justificar su postura. Uno de ellos es el del trasplante de recuerdos, según el cual tomamos toda la memoria de una persona y, a través de una cirugía, se la implantamos a otra. Según PARFIT, estos serían recuerdos legítimos, porque lo que importa es la referencia que tienen con respecto a los objetos del mundo, y no al sujeto al que pertenecían. El sujeto implicado en la formación de esos recuerdos no importa, y el receptor de los mismos será igual, al menos en cuanto a la memoria se refiere, al «donante». En la página 451 de su libro, PARFIT concluye que no tenemos necesidad de afirmar que las personas son los sujetos pensantes de cualquiera de estos pensamientos. En definitiva, la conciencia es un conjunto de actividades sin sujeto. Por ello se catalogaba como anónima.

Dicho de manera informal, SEARLE querría estar de acuerdo con PARFIT, e incluso con METZINGER, pero logra controlarse. Se va dando cuenta de que la experiencia requiere un yo y, aunque trata de evitarlo, lo acepta a regañadientes. No piensa que el yo exista, pero ve la necesidad de aceptarlo como un postulado formal, es decir, como una proposición que hay que tomar como verdadera sin que exista la posibilidad de demostrarla. Si queremos decir algo sobre la conciencia, opina SEARLE, tenemos que admitir que el sujeto existe, aunque nunca podamos demostrar que es así, y muy probablemente no exista.

ZAHAVI llega a una conclusión distinta: encuentra una demostración empírica de la existencia del yo donde SEARLE solo puede asumirla. Para el danés, la experiencia consciente manifiesta una subjetividad, un yo como trasfondo de todos los actos conscientes. Esto hace que el problema difícil sea aún más difícil, o, como se decía antes, que todos los problemas de la conciencia sean difíciles: siempre hay una subjetividad que atraviesa todos los actos de la conciencia. El yo básico es la subjetividad misma de las experiencias. Todos los estados conscientes se dan en referencia a un sujeto; aunque esto no quiere decir que todo el tiempo estemos prestando atención a nosotros mismos, sino que hay una conciencia «prerreflexiva» de nuestros estados. ZAHAVI llama a esta experiencia el «yo mínimo», aquel que está presente en todos los actos de la conciencia. Además de este yo básico, hay otro intersubjetivo y otro narrativo. El primero es el que se da en nuestra configuración del vínculo con los demás y es el que necesitamos, por ejemplo, para entender un sentimiento tan humano como la vergüenza. El segundo es importante para entendernos a nosotros mismos a lo largo de nuestra vida. Nos explicamos a partir de la narración de la propia historia, de lo que consideramos valioso. Estos tipos de yo no son sujetos en paralelo, sino aspectos de nuestra identidad que se requieren para explicar la complejidad del ser humano.

CONCLUSIÓN

En conclusión, este capítulo sirve para poner en contexto los debates teóricos que han encontrado los científicos contemporáneos que afrontan el estudio de la conciencia. La mayoría de los problemas planteados van al núcleo de la cuestión sobre qué es el ser humano, y tienen ramificaciones importantes acerca de cuestiones morales. El capítulo anterior mostraba que algunos de estos debates son deudores del momento histórico filosófico en el que nos encontramos: otras tradiciones toman puntos de partida distintos gracias a los cuales se evitan. Antes de presentar las principales teorías científicas de la conciencia, el siguiente capítulo desarrollará una reflexión filosófica acerca de la imposibilidad de su estudio desde la ciencia. Con él, se espera aportar una actitud crítica con respecto a lo que nos dirán los científicos experimentales, con la intención de poner en valor lo que *sí* pueden explicar.

Quizá la conciencia no pueda naturalizarse, pero tal vez pueda haber explicaciones parciales que nos ayuden a entender mejor algunos de sus aspectos y que resulten útiles para ayudar en la gran empresa de conocer mejor al ser humano.

LECTURAS RECOMENDADAS

CHALMERS, David J., «Facing Up to the Problem of Consciousness», *Journal of Consciousness Studies* 2(3):200-219, 1995.

DENNETT, Daniel, «Quining Qualia», en A. J. MARCEL y E. BISIACH (eds.), *Consciousness in Contemporary Science*, Oxford, Oxford University Press, 1988.

GALLAGHER, Shaun, y ZAHAVI, Dan, *La mente fenomenológica,* Madrid, Alianza Editorial, 2013.

GARCÍA, Pablo E., *Conciencia y yo en la fenomenología de la mente de Dan* ZAHAVI, Pamplona, EUNSA, 2022.

JACKSON, Frank, «Epiphenomenal Qualia», *The philosophical quarterly* 32(127), pp. 127-136, 1982.

LEVINE, Joseph, «Materialism and Qualia: The Explanatory Gap», *Pacific Philosophical Quarterly* 64:354-361, 1983.

NAGEL, Thomas, «What Is It Like to Be a Bat?», *The Philosophical Review* 83(4): 435-450, 1974.

PUTNAM, Hilary, *Mind, Language and Reality, Philosophical Papers, vol. 2.* Cambridge, Cambridge University Press, 1975.

ZAHAVI, Dan, «Being Someone», *Psyche* 11(5): 1-20, 2005.

— «Subjectivity and the First-Person Perspective», *The Southern Journal of Philosophy* XLV: 66-84, 2007.

ZAHAVI, Dan, y GARCÍA, Pablo Emanuel, «Nuevos horizontes en la filosofía de la mente. Entrevista al profesor Dan ZAHAVI». *Eidos* 29: 400-409, 2018.

CAPÍTULO 4

LOS LÍMITES DE LA EXPLICACIÓN CIENTÍFICA DE LA CONCIENCIA

Juan Arana

Conciencia y prejuicio. El problema. Alternativas al dualismo. Nomológico y nomogónico. Realidad y concepto. Continuidad y discontinuidad. Cerrando el bucle. Especificidad de la conciencia.

I

La tesis que se defiende en este capítulo es categórica: la conciencia es algo que no acaba de ser explicado desde la perspectiva científica, ni previsiblemente lo será nunca. Los argumentos expuestos a continuación constituyen una versión reducida de los libros *La conciencia inexplicada* y *¿Qué es la conciencia?*, publicados en 2015 y en 2021 por Juan Arana, responsable de esta lección. Si se quiere profundizar en los puntos aquí tratados o se siente la necesidad de aclarar alguno de ellos, conviene consultar dichas referencias. El título de la primera obra citada se contrapone al del libro *La conciencia explicada* de Daniel Dennett (1942-2024). La discusión gira en torno a la pregunta de si la ciencia de la naturaleza posee o no los instrumentos adecuados para dar cuenta cabal y total del tipo específico de conciencia que poseen —al menos— los seres humanos. Al hablar de la posibilidad o imposibilidad de naturalizar la conciencia, nos referimos a una comprensión exhaustiva de la misma basada en la anatomía y fisiología del cuerpo, y, más concretamente, del sistema nervioso.

Cualquier investigación filosófica de la conciencia debería al menos asumir posturas inequívocas. ¿Por qué es aconsejable apostar por la nitidez en lugar de conformarse con las medias tintas? Porque el asunto investigado nos afecta demasiado de cerca: la imagen y autoestima de la especie humana dependen de cómo se resuelva. Los que defienden la posición naturalista o materialista —cuando no se añadan otros matices se considerarán términos sinónimos— no pueden —ni deben— hacer abstracción de sí mismos. Por ejemplo, Alan TURING (1912-1954), uno de los padres de la visión computacional de la mente, terminó considerándose un tipo peculiar de máquina, lo cual repercutió muy directamente en su modo de encarar la existencia. En cambio, algunos estudiosos de la conciencia tratan de avanzar en sus investigaciones sin preocuparse de las consecuencias filosóficas que resulten de ellas. Ese desapego es peligroso, porque revela una actitud semejante a la del que controla el rumbo de un misil sin cuidarse de evitar el riesgo de que acabe impactando en la sala de control donde se sienta. Ahora bien, tomar partido no equivale a tener prejuicios: por mucho que a uno ilusione o asquee la idea de naturalizar la conciencia, hay que estar dispuesto a aceptar la confirmación o refutación de su inclinación personal según lo determine el curso de la pesquisa.

La reflexión filosófica sirve para explorar los caminos que se abren ante el investigador, anticipar los resultados a los que presumiblemente conducen, e inhabilitar falsas ilusiones sobre soluciones mágicas que con frecuencia se postulan para salvar obstáculos a todas luces insuperables.

II

Antes de discutir el problema de la naturalización de la conciencia, conviene aclarar el concepto mismo de conciencia y explorar su contexto. Podemos hacerlo usando un experimento mental semejante al que propuso el filósofo político John RAWLS (1921-2002), con el fin de afrontar la tarea de elaborar una teoría imparcial de la justicia: postuló una asamblea formada por seres humanos de toda raza y condición, pero cuyos miembros padecieran una amnesia selectiva acerca de su propia condición (rico/pobre, ignorante/sabio, trabajador/indolente, joven/viejo, etc.). De esta guisa cabría esperar que fueran tenidos en cuenta sin exclusiones los intereses de todos. Aplicando la idea a nuestro caso, ¿qué ocurriría si convocásemos a todo tipo de seres conscientes, vale decir, no solo los humanos, sino también hipotéticos extraterrestres, animales lúcidos, incluso máquinas supuestamente conscientes, etc.? ¿Tendría sentido preguntarles sobre la posibilidad de naturalizar la conciencia? Según su índole y procedencia, unos estarían a favor y otros en contra, pero el olvido de sí mismos facilitaría un poco las cosas.

La primera providencia ha de ser disipar ambigüedades semánticas. En el capítulo anterior hemos visto que la filosofía analítica ha sido la que más empeño ha puesto en encontrar una definición clara y distinta de conciencia. Sin embargo, las propuestas formuladas son tan diversas que más vale no hipotecarse de entrada con ninguna de ellas.

Para salir del *impasse*, resulta preferible centrarse en la realidad de la conciencia más que en cualquier conceptuación artificialmente precisa. A tal fin, sigamos el ejemplo de Aristóteles y preguntemos a la gente de la calle. O, también, recurramos a los diccionarios de la lengua para ver qué nos dicen sobre las palabras *consciencia* y *conciencia*. El de la Academia otorga a la primera cuatro acepciones; a la segunda, seis. Destacan diversas connotaciones cognitivas y también otras de tipo práctico. ¿Qué es lo común a todas ellas? Las diez contienen un matiz *reflexivo*: se refieren a un conocedor que, *conociendo, se conoce*, o a un censor ético que, *juzgando del bien y el mal, califica la conducta que ha seguido y determina la que seguirá*. Por otro lado, la etimología también resulta elocuente: *con-scientia*, o *saber con*. Los griegos la llamaban *sineiden*, que puede traducirse como *ver con*. El neoplatónico Plotino (205-270) introdujo el término *sinaisthesis*, o *sentir con*. En todos los casos, vemos que es un tipo de actividad mental que acompaña y nunca se da en soledad consigo misma.

Hagamos ahora nuestra apuesta. La flecha de la conciencia apunta de algún modo hacia dentro, pero no es egocéntrica: quien es consciente sabe de sí conociendo otras cosas. Para descubrir lo propio es bueno contrastarlo con lo extraño. El esfuerzo para comprender lo consciente hace que aparezcan otras dualidades aparte de la ya señalada: entendimiento frente a voluntad, juicio frente a sinrazón, o razón teórica frente a la práctica. Todas ellas son ramas del mismo árbol. La dialéctica ayuda a progresar en el conocimiento de la conciencia, pues ninguno de los términos barajados tiene sentido de manera aislada. El tronco o la raíz de este árbol no es inefable: tiene nombres. Dos de ellos son necesarios y suficientes: *yo* y *sujeto*. El problema es que ambos representan instancias esquivas, lo cual no ocurre con la conciencia, que asume el papel de fiador y garante desde el punto de vista cognitivo. Cabe cuestionar, como hacen algunos, la existencia del «yo» o del «sujeto», porque no hay *nada tangible* que de entrada demuestre su realidad. La conciencia, sin embargo, no puede ser negada, porque tiene la virtud de autoafirmarse cada vez que la invocamos. Bien es cierto que nunca se manifiesta la conciencia misma, así, *en general*, ni tampoco la conciencia ajena, sino única y exclusivamente la propia. Pero de eso hablaremos enseguida.

Únicamente conseguimos alcanzar el yo o el sujeto a través de la conciencia. No deja de ser un contratiempo, debido a la dificultad para definirla y a las dualidades que arrastra. Sin embargo, al menos contamos gracias a ella con un punto de partida, un principio de solución, porque permite aproximarse a nociones que de otra manera resultan inasibles.

III

La peculiar relación entre el yo y la conciencia esconde el secreto de por qué no se puede naturalizar la mente. Muchos pensaron, como en el caso de DESCARTES (1596-1650), que la conciencia —y el yo que está tras ella— es independiente del cuerpo (en realidad, este filósofo habla de «pensamiento» más que de «conciencia», pero su pensamiento siempre es pensamiento consciente). Los materialistas han atacado semejante dualismo con múltiples argumentos. Irónicamente, alaban en silencio la tesis complementaria —igualmente defendida por DESCARTES— de que el cuerpo, es decir, la materia o sustancia extensa, también subsiste por separado. Para estos críticos, el alma o la mente no podrían sobrevivir sin el cuerpo, pero el cuerpo sí sería capaz de perdurar sin la mente. Por supuesto, hay quien defiende que se equivocan tanto unos como otros: en lo humano tan incompleta es la mente sin el cuerpo, como el cuerpo sin la mente. Lo extenso y lo pensante, que tan tajantemente distinguía el fundador del racionalismo, son desde luego abstracciones. La mente posee un cuchillo muy afilado a la hora de diseccionar sus propios contenidos, pero los cuchillos físicos han de ser manejados con mucho cuidado para no echar a perder lo que segmentan.

Tras esta última observación asoma la limitación del conocimiento humano: nuestro saber acerca de la realidad siempre es incompleto. Carecemos de intuiciones intelectuales, así como de capacidad para captar la esencia de lo que estudiamos. Estamos constreñidos a emplear intuiciones sensibles que no profundizan en la fábrica oculta del universo, pues tan solo acceden a su delgada epidermis, una fachada que es —¿mera? — apariencia. Salvo los que porfían en la desconfianza, esperamos acabar averiguando algo de lo que hay detrás —o debajo—, pero nunca todo: lo que más nos importa siempre se nos va de entre las manos. Cuando no atendemos al conjunto del universo, sino a lo más inmediato —esto es, a nosotros mismos— nadie puede erigirse en poseedor exclusivo y pleno de la verdad: ni el metafísico, ni tampoco el físico. Como aseguraba el médico Emil du BOIS-REYMOND (1818-1896), «*ignoramus et ignorabimus*»: ignoramos e ignoraremos.

Según el relato bíblico, para demostrar que le asistía un poder divino Gedeón dejó atrás a la mayor parte de su ejército a la hora de entrar en batalla. Ni el científico ni el filósofo cuentan con una ventaja equivalente, de forma que, al inquirir por la conciencia, sería insensato desdeñar la mitad de las fuentes cognitivas: así no se llega a ninguna parte. Algo parecido hicieron los filósofos apriorísticos, porque descartaban lo empírico. De igual manera quien, sea científico o filósofo, excluye lo introspectivo pierde un recurso fundamental para que prospere la indagación sobre el fenómeno «conciencia». Por supuesto, este segundo tipo de experiencia presenta el inconveniente de ser personal e intransferible. Sería magnífico si pudiésemos cotejar unas introspecciones con otras. Puestos a pedir, también sería deseable percibir lo universal además de lo particular. Pero la realidad se manifiesta como lo hace y no según nuestro capricho. Por eso hemos tenido que aprender la manera de generalizar la experiencia del mundo externo, aunque sea tomando los correspondientes riesgos. De modo análogo, para entender la conciencia no habrá otro remedio que «desprivatizar» la introspección, por muy incierto que sea el expediente empleado a tal fin. Lo más probable es que jamás se consiga hacer justicia a este trozo de realidad con los procedimientos de un único campo del saber.

Así pues, una parte sustancial de los fenómenos de conciencia depende de percepciones internas. La razón pura fecundada por las sensaciones externas ha producido la maravilla de la ciencia natural. La matemática ha sido el principal instrumento para articular ambos elementos, pero para ello hubo de encontrar la forma de cuantificar la experiencia y el modo de expresar con precisión las más variadas relaciones entre magnitudes físicas susceptibles de medición. Gracias sobre todo a las ecuaciones diferenciales se consiguió modelizar buena parte de lo que nos llega a través de la sensibilidad externa. Por gracia o desgracia, solo ella admite ser matematizada sin grave menoscabo de su contenido inteligible. Como ya hizo notar en el siglo XVIII el filósofo Immanuel KANT (1724-1804), la experiencia interna e introspectiva es mucho menos propicia a ser procesada así, en primer lugar, porque su despliegue tiene lugar en el tiempo y apenas en el espacio y, en segundo lugar, porque no es nada fácil definir magnitudes interoceptivas e introspectivas aptas para ser medidas con precisión y luego incorporadas como variables en algún tipo de correlación funcional. Cierto es que muchos aspectos de la vida mental admiten ser percibidos por una doble vía: la psíquica y la neural. El auge imparable de la neurociencia tiene que ver con esa búsqueda y aprovechamiento. Nociones como «dolor», «emoción», «deseo» u «obsesión» son rebeldes a una plasmación *matematiforme*, algo que resulta casi obligado en las llamadas «ciencias duras». No obstante, cada vez se avanza más en la detección de marcadores fisicoquímicos directa o indirectamente conectados con la mente, lo cual abre la puerta para un tratamiento cada vez más cercano a los protocolos de aquellas disciplinas.

En la segunda parte de este mismo *Libro* se recogen cumplidos ejemplos de la investigación más reciente que sigue esa orientación.

Convendría distinguir, de todos modos, entre la *actitud naturalista* del científico y el *naturalismo filosófico*. Nada tenemos que oponer a lo primero: conforma las señas de identidad de quienes asumen hábitos, métodos y estrategias que han permitido gestar el mayor progreso sustantivo del conocimiento desde comienzos del siglo XVI hasta hoy. Pero nunca se debiera olvidar que el científico efectúa un continuo ejercicio de autocrítica para valorar hasta qué punto es aplicable algún tipo de indagación empírica, cierta técnica de formalización y cálculo, o incluso determinada índole de especulación teórica. En otras palabras: el científico naturalista sabe de alguna manera hasta dónde es legítimo arriesgarse, dónde conviene controlar la ambición teórica y cuándo ha de abandonar un procedimiento para empezar a buscar por otro lado.

Todas nuestras reticencias se reservan al filósofo naturalista, el cual puede reconocer, por supuesto, las fronteras que circunscriben la validez de métodos y teorías, pero defiende que la realidad misma del universo y todo su contenido descansa sobre estructuras que en principio se dejan entender con el tipo de explicación que la ciencia natural acostumbra a usar. Confiesa que las respuestas deberán ser cada vez más sofisticadas, aunque insiste en que nunca será forzoso cambiar de modelo explicativo, modelo que en último término se cifra en el concepto de ley natural. Las hay de muchas clases, matematiformes o no, cualitativas y cuantitativas, morfológicas o fisiológicas, conservativas y extremales, deterministas o estocásticas. Sin embargo, cabría reconducir todas ellas a la siguiente proposición: *si se dan tales o cuales condiciones, entonces hay tal probabilidad de que resulten tales y cuales consecuencias.*

IV

El hilo argumental expuesto ha servido para esclarecer qué quiere decir *naturalizar*: explicar por medio de las leyes de la naturaleza. En un mundo exclusivamente natural todo tendría que estar cumplidamente fundamentado en ellas. Por supuesto, también la conciencia. El naturalismo, sin embargo, no siempre ha sido tan inequívoco y rotundo, sino que ha ido sufriendo una metamorfosis con el paso del tiempo: comenzó con el hilozoísmo antiguo, en el que la propia materia inerte poseía vida escondida. Luego vino el naturalismo renacentista, que se acercó peligrosamente al esoterismo y la magia. El mecanicismo, escuela de pensamiento que dio origen a la ciencia moderna, nació precisamente como un movimiento de oposición a aquellas formas vetustas de naturalismo que, queriéndolo explicar todo, acababan por no explicar nada. Fue la obra de hombres como Galileo (1564-1642), Descartes (1596-1650), Boyle (1627-1691) o Newton (1643-1727), empeñados en delimitar el reino de lo material de suerte que dentro de él imperara la razón: era esencial dejar algo fuera, no solo para obviar reductos de irracionalidad, sino para asignar un ámbito propio al espíritu. La maniobra tuvo tanto éxito que el *antinaturalismo* de los creadores de la nueva ciencia empezó a correr el peligro de labrar su propia desgracia. Los naturalistas olvidaron sus antiguas alianzas con el hilozoísmo, la alquimia o el hermetismo y se aplicaron a transformar el recién inventado mecanicismo en una nueva forma de materialismo, materialismo determinista desde Laplace y luego evolucionista con Darwin y su escuela. Las revoluciones científicas del siglo XX pusieron en riesgo estas ambiciones un tanto metafísicas, y por eso el naturalismo de hoy ha acabado ciñéndose a lo esencial: defiende que para toda pregunta con sentido hay respuestas que obedecen al paradigma nomológico —de *nómos*, ley en griego—: repeticiones, pautas, reglas, conservaciones, simetrías, cánones... los términos son muchos, los procedimientos varían, pero la idea subyacente es la misma: tanto las cosas que son como las que pasan solo consisten en el desarrollo de infinitas variaciones sobre un mismo tema: unidad como origen y también como destino de la diversidad. Desde el principio y hasta el final solo estuvieron y estarán las leyes, o la Ley, cuando se consiga el supremo *desideratum* de hacer que todas ellas colapsen en una sola: la teoría del todo.

Sin embargo, ¿de qué manantial brota ese imparable torrente de legalidad cósmica? El naturalista sincero y profundo debe plantearse esta pregunta si quiere consolidar debidamente el núcleo de su apuesta. Es algo que suele ser rechazado por los alérgicos al antropomorfismo y más aún por los que temen que aparezca la sombra de un Legislador universal. Pero, a pesar de todos los pesares, de alguna parte tienen que salir esas leyes que gobiernan la naturaleza y supuestamente explican todo lo que hay en ella. Por otro lado, resulta obvio que no todas las leyes necesitan ser instauradas por un legislador, humano o divino. Hay miríadas de leyes que resultan de la selección natural, como las que prescriben que los insectos tengan seis patas y los arácnidos ocho. Hablar de *nomogonía* —o sea, génesis de la ley, del *nómos*—, por tanto, no debería asustar a los devotos del naturalismo, porque las propias leyes naturales más básicas funcionan como agentes nomogónicos. El físico y cosmólogo Lee Smolin (1955) ha recurrido al evolucionismo seleccionista para especular sobre el surgimiento de nuevos universos, y el premio Nobel Gerald Edelman (1929-2014) propuso incluso un darwinismo neural. Por consiguiente, muchas leyes naturales resultan de otras más comprensivas. Pero claro, esto nos lleva inevitablemente a la regresión al infinito, o al descubrimiento de una matriz legal primigenia de la que derivarían las restantes. Ahora bien, como confesó en un arrebato de sinceridad uno de los más notorios partidarios de esta visión *nomologista* a ultranza, el premio Nobel de Física Steven WEINBERG (1933-2021): «Aunque hubiera una sola teoría unificada posible, esta solo sería un conjunto de reglas y ecuaciones. ¿Qué es lo que infunde vida en las ecuaciones y construye un universo que puede ser descrito por ellas? La perspectiva habitual de la ciencia, que consiste en construir un modelo matemático, no puede responder a las preguntas de por qué debería existir un universo real describible por ese modelo. ¿Por qué el universo se toma la molestia de existir?» (*Sueños de una teoría final*, pág. 174). Arduas cuestiones que —dejando aparte algunos insomnes— solo osan abordar los metafísicos. Pero no hace falta llegar tan lejos para atisbar una fórmula que permita tratar el desafío del naturalista, desafío que cabría formular así: «Deme usted un solo ejemplo concreto de algo que no pueda, ni siquiera en principio, ser explicado mediante una conjunción suficientemente potente de leyes naturales». Nuestra respuesta es que no solo hay uno, sino muchos. Bien cerca los tenemos y son tan modestos como cotidianos: los actos conscientes de cualquier ser humano.

Entiéndase bien, no obstante, el intríngulis del empeño: si hilamos suficientemente fino, nada hay en este mundo que no encierre misterios insondables, desde la mente de Shakespeare mientras componía sus inmortales tragedias hasta el movimiento de una pequeña esfera de acero al carbono dentro de un rodamiento a bolas. De acuerdo con los parámetros de esta propuesta, bastaría para ceder a las pretensiones del naturalismo una elucidación razonablemente precisa del comportamiento aparente. En el caso de una muestra de ácido sulfúrico, sería suficiente dar cuenta de sus propiedades fisicoquímicas tal como las establece cualquier laboratorio solvente. En el de la conciencia de Pepe Pérez, habría que mostrar de qué manera la película de lo que pasa por su mente —un poco como el monólogo interior del *Ulises* de JOYCE— resulta de procesos concretos que ocurren dentro de su cerebro.

Ahora bien, así como el naturalista no está obligado a llegar hasta el fondo-fondo de todo, tampoco su adversario precisa declarar racionalmente inalcanzable toda la amplitud de lo examinado. Un humanista —esto es, un no-naturalista— puede admitir que hay mil y una facetas de la conciencia que admiten una explicación científica o al menos racional. En lo relativo a la conciencia, la aproximación desde la neurociencia es perfectamente capaz de proporcionar una cantidad ingente de acotaciones relevantes: requisitos para su ejercicio y mantenimiento, localización y entraña de los procesos neurales involucrados, factores coadyuvantes o que impiden su ejercicio, etc., etc. En algún lugar dice

Borges: «mucha no vida hay en nuestras vidas». De la misma manera, añadimos aquí: mucha actividad *naturalizable* —o sea, científicamente explicable— acompaña, condiciona y en alguna medida conspira causalmente al ejercicio de la conciencia. Habrá partidarios de lo arcano que declaren tabú cualquier incursión de la razón en este campo, pero lo que aquí se defiende es que basta con que resulte inexplicable un solo aspecto significativo en la aparición y curso de las vivencias conscientes para frustrar la pretensión de naturalizarlas. Así pues, no hay mayor inconveniente en admitir que sean nomológicas —esto es, sometidas a las leyes naturales— las dimensiones somáticas y psicológicas no conscientes que acompañan, complementan y en buena medida posibilitan la conciencia.

V

Entrando ya en materia, resulta risible pretender que la conciencia es naturalizable porque, al fin y al cabo, se trata de algo que emerge del cerebro. Una cosa es el cerebro mismo —o sea, el cerebro real— y otra el cerebro que hemos conseguido explicar hasta el momento —vale decir: la parte del cerebro y su función que la ciencia ha aclarado aceptablemente—. Proponer que el cerebro genera la conciencia, dice muy poco, porque apenas hemos conseguido naturalizar una pequeña porción del mismo. La relación entre cerebro y conciencia está fuera de toda duda. Cuando aquel funciona mal, la conciencia se distorsiona. Pero nadie ha conseguido sino una explicación de grano grueso, pues hay muchos aspectos de los procesos cerebrales a los que el naturalista no consigue llegar. Para comprobarlo, leamos lo que dicen en obras de referencia tres grandes representantes de la neurociencia conocidos por sus posturas materialistas: Antonio Damásio, citado en capítulos anteriores de este *Libro*, afirma lo siguiente en la página 294 de *El error de* Descartes: «Naturalmente, me gustaría poder decir que sabemos con seguridad la manera por la que el cerebro se mete en el asunto de producir la mente, pero no puedo; y, siento decirlo, nadie puede». Por su parte, Gerald M. Edelman (1929-2014), uno de los primeros estudiosos de la conciencia desde la neurobiología, y premio Nobel en 1972, escribe junto con Giulio Tononi (1960) las siguientes frases en la página 242 de *El universo de la conciencia*: «¿Qué ocurre en el cerebro cuando tenemos un pensamiento? Pese a los avances de la neurociencia, no podemos ocultar el hecho de que todavía no sabemos la respuesta a esta pregunta con suficiente detalle. Algunos dirían incluso que la respuesta es: no tenemos ni la más remota idea». Francis Crick (1916-2004), descubridor de la estructura en doble hélice del ADN y del código genético, decidió consagrarse al estudio de la conciencia cuando dio por descifrados los grandes enigmas de la genética. En la página 314 de *La búsqueda científica del alma*, escribe: «Lo decepcionante es que, en el momento de escribir estas líneas, no parece haber un conjunto de ideas tales que encajen convincentemente como para elaborar una hipótesis neuronal detallada que nos dé el tufillo de que es correcta. Si a usted, lector, le da la impresión de que me estoy abriendo paso en la selva, está en lo cierto».

Así pues, el naturalismo tropieza con la siguiente aporía: por una parte defiende que del cerebro emana la conciencia; por otra, reconoce no tener absolutamente ni idea de cómo se da este alumbramiento. ¿Qué alternativas encuentra para validar sus tesis? Un universo lleno de secretos es insostenible, pero igualmente lo es otro que no tenga ninguno. Por consiguiente, sus representantes encuentran razonable que uno de los enigmas más duros de roer sea el origen de la conciencia y persiguen el logro de su empeño sin aludir a él. Muchos de los adherentes a esta postura, quizá todos, admiten que no hay objeto más complejo en el universo que el cerebro humano: con más de ochenta y cinco mil millones de neuronas y una media de mil conexiones electroquímicas para cada una de ellas, esta afirmación parece justificada.

Resulta altamente problemático que la dinámica de redes neurales tan ramificadas sea resoluble por medio del análisis clásico, sobre todo teniendo en cuenta la complejidad intrínseca de cada neurona y la indeterminación cuántica de magnitudes tales como posición, momento, tiempo y energía de cada uno de sus átomos, datos que resultan indispensables para alcanzar una descripción exhaustiva de este paisaje. Hay que recurrir a teorías de complejidad, de procesos alejados del equilibrio termodinámico, etc., con el inconveniente suplementario de la presencia de numerosos «cuellos de botella», ya que son muy reducidas las poblaciones de neuronas que están en el inicio de los procesos en cascada que involucran extensas áreas cerebrales. Es la conjunción perfecta para entorpecer la pretensión repetidamente invocada por los naturalistas de que «en el cerebro los efectos de la indeterminación cuántica se cancelan» (Dennett, Rubia, etc.). Muy al contrario, hay fuertes indicios de que dichos efectos se potencian, como han reconocido, entre otros, el mismo Francis Crick, el creador de la teoría de los *quarks* Murray Gell-Man (1929-2019) o Stanislas Dehaene —quien reconoce la brusquedad de los procesos de activación del espacio global de trabajo, tal como se expone en el Capítulo 5 de este *Libro*—.

En resumidas cuentas, si hay algún misterio en el universo, lo más probable es que se localice en este tipo de entornos. Nadie debería sorprenderse de que el problema difícil, tal como lo llamó el filósofo David Chalmers (1966), llegue a resultar insoluble. A lo mejor convendría abandonar la pretensión de convertir la conciencia en teorema, y probar a usarla como axioma: en tal caso no resultaría explicable porque lo propio de ella sería iluminar, antes que ser iluminada.

VI

Si no hay muchas perspectivas de disipar las nubes que oscurecen el panorama del trasunto neurológico de la conciencia, aún le queda al naturalista una última bala para lograr sus anhelos. Hoy por hoy nadie está en condiciones de convertir la concepción naturalista de la conciencia en una posición solvente que domine la enorme dificultad del fenómeno. De hecho, los investigadores que al día de la fecha han conseguido mayor aceptación y audiencia, como Baars, Dehaene, Tononi, Northoff o Friston —cuyos trabajos se reportan en la segunda parte del presente volumen—, insisten en que se conforman con iluminar aspectos parciales del comportamiento consciente. Sin embargo —y a pesar de la confusión en que a veces incurren muchos desnortados—, la concepción naturalista de la ciencia no es una teoría científica, ni siquiera en estado larvado; se trata de una doctrina filosófica, lo cual en modo alguno la descalifica, pero significa que debe ser evaluada aplicando un criterio diferente, porque en lugar de apuntar a lo que la ciencia explica hoy o explicará en un futuro previsible, se refiere a lo que es esperable que llegue a explicar... algún día. En otras palabras, atiende menos al horizonte de lo real y más al de lo posible. Muchos filósofos, en particular y de modo destacado Daniel Dennett, se han presentado a sí mismos como adelantados del saber positivo: aspiran a elaborar esbozos de teorías, más que teorías propiamente dichas. En esta tesitura, a lo máximo que puede aspirar un filósofo no es a demostrar algo, sino abrir nuevas sendas de conocimiento, o bien descartar otras que representan vías muertas para el saber.

Replanteemos la discusión en este nuevo terreno. ¿Es concebible una teoría científica e integral de la conciencia, al menos como experimento mental? El principal argumento que se puede esgrimir a favor es que la conciencia humana no constituye la clave de bóveda del universo, sino que es algo cotidiano en el reino de los seres vivos y también está presente en animales no humanos. A dicho propósito suelen citarse las proezas de los delfines, los bonobos o incluso los córvidos. Esto abre la expectativa de alcanzar en primer lugar una explicación pertinente para los niveles inferiores y afrontar después los superiores extrapolando o refinando los argumentos validados, dando por hecho que en este campo, como en tantos otros, la naturaleza no procede a saltos.

Muchos humanistas —es decir, sedicentes enemigos del naturalismo— aceptan que los animales superiores poseen algún grado de conciencia, aunque sea parcial o incompleta en comparación con la del ser humano. Según ellos, el materialismo mecanicista no solo es incapaz de explicar la conciencia humana, sino también es impotente para dar razón de la conciencia animal, e incluso de ciertas peculiaridades de la vida. La pega de esta postura es que tan solo combate una forma particular de naturalismo, el mecanicista, según el cual todo se reduce a la materia y las interacciones mecánicas. Esta postura es ingenua y también obsoleta. Es posible que a principios del siglo XIX circularan ejemplares de la especie «naturalista mecanicista», pero muy pronto fueron suplantados por castas más evolucionadas, como la del «naturalismo electromagnético», el «naturalismo químico», el «naturalismo biológico» y, finalmente, la fórmula más potente de todas: el «naturalismo nomológico». Por ello, si nos oponemos al naturalismo, ¿qué mérito o valor tiene combatir la versión más tosca y primitiva, dado que, en el supuesto de conseguir derrumbar sus presupuestos, aún habría que vérselas con otras mucho más vigorosas?

Elijamos otra alternativa y valoremos sin escurrir el bulto el mejor recurso argumentativo del naturalista —para lo cual tendremos por cómplices suyos el vitalista y el humanista que solo combate naturalismos trasnochados—. El punto decisivo a considerar es la hipótesis de que existe una gradación continua de la conciencia desde los seres humanos hasta los animales superiores y, ¿por qué no?, hasta los restantes seres vivos, por no mencionar la posibilidad de descubrir rastros de conciencia en cualquier sustancia corpórea —pampsiquismo—. Pongamos que un chimpancé tiene en promedio un grado de conciencia inferior al de un humano. Ahora pensemos qué pasaría al inyectar una dosis baja del anestésico propofol al representante de nuestra especie y una buena cantidad de cafeína en la arteria del chimpancé. ¿Conseguiríamos de esta manera que ambos niveles de conciencia se aproximaran y, por ende, que la conciencia entre ambos organismos fuera comparable? Pocas dudas hay de que el experimento no funcionaría, lo que refuerza la impresión de que la diferencia entre ambas conciencias no es cuantitativa, sino cualitativa. Jorge Luis BORGES (1899-1986), en *El oro de los tigres*, dedica el siguiente poema a un gato: «Has admitido, / desde esa eternidad que ya es olvido, / el amor de la mano recelosa. / En otro tiempo estás. Eres el dueño / de un ámbito cerrado como un sueño» (*Obras completas*, vol. 2, pág. 513). A su juicio los animales habitan en la eternidad —¡precisamente porque no son conscientes de su finitud!—, mientras que los seres humanos lo hacemos en el tiempo. Eso nos coloca en esferas disjuntas, que jamás se podrán solapar.

Este primer excurso sirve para preguntarnos por las diferentes clases de conciencia. Los filósofos siempre han sido proclives a ponerse en desacuerdo, pero en este contencioso los científicos tampoco van a la zaga. Cada autor propone la clasificación de formas de conciencia que más le place, y entre todos hemos rehecho una vez más la historia de la torre de Babel. Como en este buffet cada cual tiene permiso para servirse lo que le apetezca, nosotros nos conformaremos con tan solo dos tipos de conciencia, para por lo menos no resultar prolijos y, con un poco de suerte, tampoco oscuros.

Asumiremos que hay un primer tipo de conciencia que compartimos los animales humanos y no humanos. Ambos colectivos somos capaces de ejercer lo que llamaremos conciencia intencional simple, porque siempre apunta hacia un determinado objeto, que se convierte así en dato frente al que la conciencia permite reaccionar. Un segundo tipo es el que —sin mucha originalidad— denominaremos autoconciencia, dejando por ahora abierta la eventualidad de que, aparte de los humanos, la tengan o no los restantes vivientes, así como ciertos dispositivos real o pretendidamente «inteligentes». Para tener conciencia intencional simple basta con ser capaz de recibir cualquier tipo de información y actuar en consecuencia. Pensemos, verbigracia, en un microorganismo capaz de percibir el pH del medio que le rodea y desplazarse hacia donde el gradiente le resulta más ventajoso: habrá que reconocer con todos los pronunciamientos favorables que es consciente en este sentido. La autoconciencia es más sutil. No basta con poseer una interioridad a la cual asomarse. Por poner un caso, es plausible que, inmediatamente después de haber fracasado en la persecución de cierto antílope, un guepardo se sienta decepcionado además de hambriento. Parece poco razonable negar que sea capaz de escrutar su interioridad fisiológica e incluso afectiva. Sin embargo, ello no le da derecho todavía a que la autoconciencia figure en su *curriculum*. ¿Y qué pasa con el chimpancé capaz de reconocer su propia imagen en un espejo? Se trata, sin duda, de una gesta admirable, pero tampoco confiere *eo ipso* la condición que investigamos. Al fin y al cabo, no es tan diferente la prestación de un robot programado para mover su brazo de determinada manera, captar ese movimiento con su cámara de a bordo y reconocerse a sí mismo con semejante expediente. Tanto en un caso como en otro basta y sobra con la conciencia intencional simple. Lo cual tampoco excluye, por supuesto, que alguno de ellos aproveche la coyuntura para gestar un monólogo interior hamletiano sobre su propio ser o no ser, en cuyo caso, sí que habría alcanzado la gloriosa autoconciencia. Ahora bien, ¿es necesario que lo hagan? Sin duda alguna no. Tampoco es seguro que lo seamos nosotros cuando nos escrutamos la barba por la mañana en el cuarto de baño, sobre todo si todavía no ha mediado un café bien cargado. Por algún prodigio que aquí se postula inexplicable, la mayor parte de los hijos de Eva rompemos con bastante frecuencia la barrera que separa ambas conciencias. ¿Por qué? Ni idea. En definitiva, poseer autoconciencia es, ante todo, una cuestión fáctica: se tiene o no se tiene. Las causas permanecen ignotas y por eso resulta dudosa su atribución, no ya a los orangutanes o los ordenadores de última generación, sino inclusive a las sufridas amebas o los humildísimos pedruscos. Claro está: un ser privado de capacidad lingüística difícilmente proclamará a todos los vientos sus pinitos conscientes. A lo mejor, como pretenden los cuentos de hadas y películas como *Toy Story*, es una facultad mucho más extendida de lo que sospechamos. Los humanos nos cercioramos de la nuestra en vivo y en directo cuando adquirimos lo que antaño se llamaba el uso de razón. Muy pronto conseguimos convencer de nuestra pertenencia al club autoconsciente a nuestros congéneres. Respecto a los no humanos, la incertidumbre es paradójicamente mayor cuando son completamente mudos o usan lenguajes demasiado exóticos. No tanto cuando, como en el caso de los primates, atesoran recursos lingüísticos no muy desarrollados, pero seguramente suficientes para enterarnos de sus progresos. Si, como la rana del cuento, un sapo fuera en realidad el príncipe que una bruja encantó, ¿cómo podríamos averiguarlo, a no ser que se pusiera a croar en código Morse? Por muy dificultoso que sea entenderse con el prójimo, la mayor parte de las veces conseguimos superar el temor de habernos tropezado con un zombi. Las vacilaciones con respecto a los mamíferos y el resto de pasajeros del arca de Noé son en cambio insuperables en la práctica —para todos salvo para los entusiastas de la inteligencia animal y para los que están profesionalmente interesados en ella—.

La principal tesis aquí sostenida es que la conciencia intencional simple es naturalizable; mientras que la autoconciencia no. Lo cual no significa que aquella haya sido naturalizada, salvo en casos muy simples, como el de la ameba o el robot. En cambio, las dificultades para explicar el cerebro del primate no humano apenas son menores que las del *Homo sapiens*, aun en el supuesto de que aquel no haya conseguido alcanzar la cúspide de la autoconciencia —cosa que, insistimos una vez más, no prejuzgamos—. ¿Por qué en un caso se deja abierta la puerta a la naturalización y en el otro no? Porque para la conciencia intencional el principio de continuidad es relevante y para la autoconciencia mucho menos. Puesto que se han conseguido naturalizar las formas más elementales de conciencia intencional simple, no parece haber tampoco una barrera infranqueable que impida explicar las más complejas. Tan solo es cuestión de tener paciencia y acumular suficiente logística explicativa. La selección natural, mecanismo particularmente lento y torpe, ha necesitado miles de millones de años para pasar de la conciencia bacteriana a la *gorileña*, pero en unos pocos decenios la selección ejercida por los ingenieros informáticos ha logrado escalar la cumbre de la inteligencia artificial más desarrollada y de una conciencia intencional que no le va a la zaga. Es posible objetar que la autoconciencia tampoco parece haberse dado mucha prisa en madurar, puesto que hay homínidos desde hace varios millones de años y el *Homo sapiens* cuenta algunos cientos de miles, mientras que la cultura —seguramente el indicio más fiable de presencia de autoconciencia— fue mucho más tardía y apenas han transcurrido unos pocos milenios desde que inició la desbocada carrera que conocemos. Lo cual es cierto, pero conviene advertir que en realidad los seres autoconscientes no poseen dos tipos separados ni separables de conciencia. La distinción entre ambas resulta de una abstracción ejercida sobre realidades perfectamente fusionadas. De la misma manera que, hablando en términos clásicos, cuerpo y alma nunca van cada uno por su lado, sino que forman una unidad sustancial tan tenaz al menos como pretende la filosofía aristotélica, tampoco hubo un momento cero de la historia en que de la noche a la mañana la conciencia intencional fue sustituida en determinados individuos por «otra cosa». Se dio, en efecto, una discontinuidad ontológica, pero lo más probable es que consistiera en un enriquecimiento súbito de la realidad biológica precedente. En un abrir y cerrar de ojos surgió una nueva dimensión que no supuso la cancelación de la que había antes. Los efectos de la novedad fueron al principio y por mucho tiempo imperceptibles, dado que toda la maquinaria biológica preexistente permanecía incólume. De hecho, seguimos percibiendo su presencia efectiva, cada vez que descubrimos con dolor cómo vuelve a desatarse la bestia en nuestro interior. Mientras funcionó a pleno rendimiento ese piloto automático, el ejercicio ocasional del nuevo don en absoluto se tradujo en novedades detectables por el filtro de la selección natural. Nos arriesgamos a suponer que solo produjo lo que Borges denominaba «inquietación metafísica»: perplejidad, fugaces momentos de lucidez, relampagueantes sentimientos estéticos, de compasión, de solidaridad... También, por supuesto, de maldad o de rencor... Todo ello tuvo una lentísima gestación hasta que la «aportación» de la autoconciencia franqueó el umbral del mero acompañamiento pasivo para convertirse en algo subsidiario y luego en un factor de competencia y sustitución dentro del organismo anfitrión. Con la revolución neolítica el reloj de la historia aceleró su marcha y la presencia de la actividad consciente se convirtió en algo manifiesto e irreversible. Sabemos con plena seguridad que incluso hoy la autoconciencia es un fenómeno sujeto a letargos e intermitencias. Pero la subjetividad, o sea, la denominación que conviene a la entidad subyacente, es algo que se tiene o no se tiene. No puede darse una subjetividad a medio hacer, porque requiere en quien la detenta un giro sobre sí mismo de trescientos sesenta grados. Digo trescientos sesenta y no noventa ni ciento ochenta, porque visto «desde fuera» el primer efecto de su adquisición es… ninguno. Hay gente que tarda meses e incluso años en descubrir funcionalidades de su nuevo automóvil que estaban ahí desde el primer día. Durante mucho tiempo casi todo sigue igual: cuatro ruedas, un volante, acelerador, freno… Una buena mañana se descubre, no obstante, que hay posibilidades inéditas, perfectamente listas para ser usadas: la discontinuidad emerge del seno de la continuidad. Incluso existen instrumentos matemáticos para modelizarlo. Por ejemplo, el matemático francés René THOM (1923-2002) aportó una descripción exacta de las catástrofes, que son acontecimientos de discontinuidad súbita en sistemas que parecían estables. No es tan extraño, entonces, que mientras la naturaleza en cierta escala de tiempo se muestra repetitiva y conservadora, a otro nivel experimenta de modo súbito soluciones de continuidad.

VII

Aun dando por válido lo alegado, ¿qué motivos hay para conjeturar la presencia de ese extraño «salto en el vacío», que desafía todas las virtudes propias de las causas naturales? ¿No existen alternativas menos extraordinarias y como mínimo igualmente creíbles? El filósofo y físico Douglas HOFSTADTER (1945) en su libro *Yo soy un extraño bucle* (2007) examina coyunturas donde piensa que la conciencia intencional se retuerce sobre sí para dar lugar a la autoconciencia. Recordemos que aquella última consiste en la capacidad de recibir algún dato del entorno como primer paso para reaccionar en consecuencia. Puede adjudicarse, asimismo, a artefactos que posean habilidades semejantes, como entre otros el termostato. La intencionalidad de este último apunta a los cambios de temperatura que él mismo experimenta. Cuando traspasan cierto umbral se desencadena una respuesta prefijada, como abrir o cerrar un circuito eléctrico. Sin duda esta conciencia intencional es fácilmente naturalizable: de lo contrario no sabríamos generarla. ¿Sería posible alcanzar genuina autoconciencia a partir de alguna intencionalidad igualmente elemental, aumentando progresivamente su complejidad? La conciencia intencional es capaz de cerrar un bucle sobre sí misma, como ocurre al conectar el termostato a un climatizador: el estímulo afecta a la respuesta, y esta modifica al propio estímulo. No cabe duda de que el termostato vuelve sobre sí, pero, ¿es autoconsciente? Asumamos que la carga de la prueba corresponde a quien lo niega: si existiera la forma de conferir a una conciencia intencional simple los medios para hacer el trabajo que atribuimos a la autoconciencia, podríamos sacar la navaja de OCKHAM y ahorrarnos la molestia de trascender las fronteras de lo natural. Pero no se puede, precisamente porque todos los casos de conciencia intencional simple están confinados en el ámbito de lo objetivo: contemplan relaciones que se establecen entre meras cosas. Empezando por el termostato, hallamos en él un proceso físico, como la dilatación diferenciada de dos láminas de metal, que genera un efecto mecánico, el cual efectúa la acción física de conmutar un interruptor. Esa es la prosa del asunto, que nuestra mirada adorna conceptuándola como «automedición», etc. Algo parecido habría que decir de las prestaciones más espectaculares de la inteligencia artificial: al artefacto se le suministran datos o bien éste los adquiere por sí mismo. A continuación, los programas de control generan, mediante instrucciones deterministas —o a lo sumo mediante rutinas pseudoaleatorias—, una respuesta a esos datos. Estos «bucles» siempre se cierran «por fuera» —digámoslo así—: son procesos causales que se siguen unos de otros, sin llegar nunca a colapsar en uno solo. La cadena de efectos retorna de algún modo sobre las causas iniciales, pero sin atravesar interioridad alguna para atajar el recorrido. Con estricta literalidad conviene afirmar que no hay en todo ello «nada personal». Las mejores conquistas de la conciencia animal, como las que implican autorreconocimiento, admiten, asimismo, ser interpretadas como una secuencia de actos de conciencia intencional simple, como ver una imagen en el espejo, percibir simultáneamente partes del propio cuerpo, descubrir homologías entre unas imágenes y otras, constatar la superposición espaciotemporal de ambas series de fenómenos, etc. No es que prejuiciosamente pretenda rebajar la dignidad de tales criaturas; tan solo me ciño a la estrategia de no explicar con más aquello de lo que se puede dar razón con menos.

¿Y qué pasa con los seres humanos? La clave está en que los eventos en los que se ejerce la autoconciencia requieren imperativamente la perspectiva de primera persona. No es casual el hecho de que la autoconciencia bien entendida —mucho más que la caridad— empiece siempre por uno mismo. Cuando la atribuimos a «otros», invariablemente hay de por medio algún tipo de presunción. Sin lugar a dudas la facultad introspectiva contribuye poderosamente a proveernos de evidencias; pero tampoco hay ningún motivo serio para negar esa «mirada interior» a los animales, especialmente a los que poseen un sistema nervioso medianamente desarrollado. No obstante, la autoconciencia se ejerce con la misma claridad e incluso me atrevo a decir que con mayor pureza cuando el sujeto percibe algo externo que cuando atiende a su mundo interior. Deleitarme con mis esperanzas o atormentarme con mis remordimientos no implica necesariamente autoconciencia: son expedientes que se pueden despachar perfectamente con la conciencia intencional simple. En tal caso, ¿qué denota con exactitud la noción de autoconciencia? Única y exclusivamente *la dimensión autotransparente de la vida mental*. Es fácil que uno se olvide de sí mismo —es decir, que se pierda o al menos diluya la autoconciencia— cuando está demasiado entretenido con lo que ve, demasiado arrebatado por el dolor o el placer, demasiado concentrado en la tarea de sentir o de pensar. Es mucho más fácil que se eche a dormir la autoconciencia a que lo haga la propia mente. Y es que aquella adopta invariablemente la forma de una concomitancia: solo la tenemos —por expresarlo de algún modo— «con el rabillo del ojo». Quien se esfuerza en situar la autoconciencia en el foco de la atención invariablemente siente que se le escapa, porque la pretensión equivale a objetivarla, lo cual la niega como tal. La autoconciencia propiamente dicha *o es subjetiva o simplemente no es*: tal es el motivo de que no sea omisible la perspectiva de primera persona. Es paradójico y, sin embargo, imposible de negar: mientras que el ideal de todo conocimiento científico —y en general de la razón— consiste en alcanzar el máximo grado de objetividad, la autoconciencia implica un conocimiento tan fiel de sí misma, que conserva el carácter subjetivo de la experiencia; de hecho, consiste en un saber subjetivo de lo subjetivo. Por eso supera al mero saber: en lugar de proporcionar la verdad acerca del sujeto, da lugar al sujeto mismo, lo constituye como tal. Desde el punto de vista estrictamente cognitivo deja bastante que desear: no revela su propio secreto, sino que lo preserva. Siempre se mueve en el plano de la existencia, nunca de la esencia. No posee la centralidad de lo sustantivo, sino la marginalidad de lo adjetivo. Su alcance es tan corto que a lo sumo proporciona la íntima convicción de haber acertado, algo que para uno mismo lo es todo, aunque para los demás suponga muy poco, a no ser que se les contagien las ganas de remedarla dentro de su propia intimidad. Como todo el mundo sabe, la unión con el ser amado no se alcanza respondiendo a su «te quiero» con un «yo también me quiero», sino: «yo también te quiero a ti». En cambio, al «pienso, luego existo» de DESCARTES no se asiente con un «yo también pienso que él existe», sino: «yo también pienso, luego también yo existo».

Pretender que la autoconciencia permanece enraizada en el terreno de lo subjetivo carecería de sentido si se diera como algo separado, exento. Sin pensamientos tampoco hay pensar; pero la contradicción no se consuma porque la autoconciencia nunca se ejerce en absoluta soledad, siempre va acompañada, mejor dicho, ella acompaña actos de conciencia intencional que son los únicos con contenido propio —objetivo—. La pretensión de independizarse, de cobrar consistencia propia, además de constituir un acto de pura vanidad, tan solo conduce al autoengaño. Podría muy bien aplicarse al caso el ejemplo que propone KANT de la paloma que, al experimentar la resistencia del aire, creyera que volaría más fácilmente en el vacío. No obstante, a diferencia de la paloma, la autoconciencia carece incluso de alas: solo remonta el vuelo con las del cuerpo, principal responsable de la conciencia intencional, que a su vez constituye el soporte necesario de la autoconciencia. Ésta última permanece vacía de todo, excepto de sí misma; tiene la consistencia de la niebla, de los espejismos, de la espuma marina... y a pesar de todo representa en otro sentido el único sostén del universo. Resulta muy graciosa la pretensión de Patricia CHURCHLAND y otros filósofos naturalistas según la cual en realidad se trata únicamente de un engaño, una ilusión. ¿Olvidan acaso estas mentes privilegiadas que para que haya *timo* lo primero que se necesita es el *primo*? ¿A quién o qué engañaría la ilusión de la conciencia? Pero si somos un poco refinados, tal vez condescendamos a dar parte de razón al coro de los *eliminativistas*: en efecto, la autoconciencia no es algo tangible, ni siquiera precisa —como pretendió el filósofo Henri BERGSON y otros bienpensantes— un cuanto mínimo de energía para obtener carta de ciudadanía en el universo, tal vez camuflándose por debajo de los niveles de las indeterminaciones cuánticas, o adoptando la figura de un atractor extraño... Muy al contrario, la autoconciencia no precisa travestirse de ente físico, porque el universo es una realidad al mismo tiempo consistente y abierta, tal como enseñó Karl POPPER (1902-1994), posiblemente el filósofo más lúcido de todo el atormentado siglo XX. Acaso la *inexplicabilidad* de la conciencia consista precisamente en que, por su levedad y transparencia, dentro de ella no hay nada que explicar. No pertenece al conjunto de los misterios oscuros, sino al de los absolutamente diáfanos —un poco a la manera de los laberintos de espejos—. Sin embargo, tanto más importante es su presencia y menos prescindible su función. Porque la relación entre sujeto y objeto es de mutua dependencia. Sujetos sin nada que sentir y pensar serían ciegos y acabarían desvaneciéndose en la pura nada, pero un mundo carente de sujetos, un teatro sin espectadores en el patio de butacas, actores para poblar el escenario y autores para llenar de historias sus juegos de luces y sombras, resultan sencillamente impensables. Como proclamó NIETZSCHE (1844-1900) con tono imprecatorio, ¿qué sentido tendría el esplendor solar sin la mirada admirativa de Zaratustra y su perro? Bajo la objetividad de los conceptos y teorías científicas siempre late la subjetividad de los investigadores que aportan el indispensable complemento que los plenifica.

En muchas ocasiones los humanos operamos exactamente igual que los demás animales, sean truchas o jirafas. De alguna manera, tomando el ejemplo anterior, todos somos termostatos vivientes: los termorreceptores de nuestro cuerpo indican si la temperatura de la sangre es peligrosamente baja o elevada, y ponen en marcha mecanismos para corregirla, como la tiritona o la sudoración. Sin embargo, ese bucle no se cierra sobre la conciencia, sino sobre un automatismo ajeno a ella. Son las funciones que denominamos inconscientes. Los efectos de la termorregulación pueden ser captados conscientemente, ya que la conciencia puede ser agente y paciente, pero el cierre queda fuera de ella. Recapitulemos: un robot es capaz de autorreconocerse, pero el modo de hacerlo es externo a su mismidad: ciertos receptores —mecánicos o incluso lumínicos— detectan dónde se encuentra el brazo, y corrigen su posición al compararla con aquella donde debería estar según lo programado. Eso tampoco es conciencia de sí mismo. Un organismo unicelular como la ameba muestra un comportamiento similar, aunque su nivel de integración sea mayor: ante un estado de tensión debido a una carencia de nutrientes, transforma su cuerpo tras detectar una sustancia en el medio, se aproxima a ella y la fagocita, provocando así una disminución de la tensión. Ambos casos solo ejemplifican la conciencia intencional simple: los agentes se perciben indirectamente en un estado que debe ser corregido, como el robot que tiene un brazo mal posicionado, o la ameba hambrienta. Esto no es autoconciencia, porque la mirada del agente está dirigida hacia fuera y no hacia la propia —e inexistente— subjetividad. Si aumentamos el nivel de complejidad, enseguida encontraremos bucles de retroalimentación en animales superiores que todavía no sabemos explicar. Pero solo es cuestión de tiempo: no hay a la vista obstáculos que impidan encontrar leyes naturales capaces de aclararlos.

VIII

¿Por qué no vale este mismo planteamiento para la autoconciencia? Si solo hubiera leyes y conciencia intencional, estaríamos ante un panorama de entidades capaces de ver, oír, gustar, oler, palpar, es decir, de percibir tanto el exterior como el interior de sí mismos, incluso de conceptuar y realizar inferencias lógicas y cálculos matemáticos. Todas estas acciones objetivan lo que se ve, oye, gusta, huele, palpa, percibe, conceptúa o deduce. Cuando son referidas al ente que las ejerce, lo hacen objetivándolo, transformándolo en cosa. Como solía repetir el más memorable de mis profesores: «la neurona pensada no piensa; el yo pensado, tampoco». Ahora bien, cuando se enciende la chispa de la autoconciencia, su presencia añade al efecto de la conciencia intencional un factor complementario, porque viendo se ve como vidente, oyendo se oye como oyente, gustando se gusta como gustador, palpando se revela a sí mismo como sujeto que palpa, percibiendo se percibe como percipiente, y conceptuando no extrae un concepto de sí mismo, sino más bien genera un saber subjetivo de la inteligencia conceptual. Incluso cuando se dedica a sacar consecuencias de unas premisas no demuestra nada de sí, pero capta la escondida fachada del yo que razona, el cual siempre escapa a la mirada de la mera conciencia intencional. Así pues, la conciencia intencional ve sin verse, pero la autoconciencia ve viéndose. Y, lo que es más importante, como tal nunca trasciende esa dimensión autorreferencial; no produce una imagen visual ni un concepto de sí misma, no se autoobjetiva, puesto que no consiste en un conocimiento objetivo de lo subjetivo, sino, valga la redundancia, un conocimiento subjetivo —e inmediato— de lo subjetivo. Tanto la conciencia intencional como la ley natural —que es su referente más alto— dan la espalda a la subjetividad. La ley natural apunta a lo general, a lo objetivo. Por definición deja fuera al sujeto. El yo se sitúa automáticamente detrás de la ley, controla su aplicación y uso, escapa a su jurisdicción. Cuando el ser humano se convierte en objeto de una investigación, el método científico suprime automáticamente su subjetividad, incluso cuando permanecemos dentro del campo de las ciencias humanas. Todas ellas objetivan lo específico de la conciencia humana y la desvirtúan. El programa de naturalización de la conciencia pretende estudiarla sin que comparezca, como si el que investiga los secretos de una competición deportiva prescindiera de la presencia de jugadores o los convirtiera en sujetos pasivos de los lances. Los más sagaces representantes de este programa, como los antes citados Edelman y Tononi, reconocen que el intento de naturalización es vehementemente sospechoso de incurrir en un error categorial: «¿En virtud de qué misteriosa transformación el disparo de las neuronas de un lugar particular del cerebro, o de las dotadas de una propiedad bioquímica particular se convierte en experiencia subjetiva, pero no así el disparo de otras neuronas? No es de extrañar que algunos filósofos vean en estos intentos un excelente ejemplo de un error categórico: el error de atribuir a las cosas propiedades que no pueden tener» (*El universo de la conciencia*, pág. 21). Sorprendentemente, dichos autores añaden que la dificultad podría solucionarse añadiendo más circuitos de retroalimentación. Esta estrategia no conduce a ninguna parte, salvo a regresiones del tipo: «yo sé que yo sé, que yo sé, que yo sé… etc.» Lo cual significa que, o bien habría que recurrir a infinitos circuitos de retroalimentación, o bien podría completarse el trabajo de una sola vez: precisamente eso es lo que hace la autoconciencia.

Si no podemos explicar el paso de la conciencia intencional a la autoconciencia, ¿por qué no tomar la vía *eliminativista*, negar que esa segunda forma de conciencia exista y afirmar que lo único real es el cerebro y la constelación de descargas neuronales? Conviene advertir que la tesis de que «todo se reduce a descargas neuronales» no sirve para el propósito de eliminar la autoconciencia, porque el conocimiento que la ciencia proporciona de la dinámica de las descargas neuronales es esencialmente incompleto: como ya ha sido señalado, está de por medio la indeterminación cuántica conjugada con la presencia de procesos sensibles a las condiciones iniciales. Quede claro, sin embargo, que ni la mecánica cuántica ni las teorías del caos determinista sirven —o servirán— para «aclarar» la autoconciencia. Propuestas orientadas en tal dirección, como la del premio Nobel Roger PENROSE (1931) y el anestesista Stuart HAMEROFF (1947), carecen por completo de base. La mecánica cuántica no es ni puede nunca llegar a ser una teoría psicológica; es una teoría física que ha sido capaz de asumir y gestionar los límites intrínsecos de los conceptos físicos clásicos. Mucho más coherente con su significado profundo es la siguiente declaración del autor de la mecánica ondulatoria, Erwin SCHRÖDINGER (1887-1961), en el libro *La mente y la materia*: «La mente ha erigido el mundo exterior objetivo del filósofo natural, extrayéndolo de su propia sustancia. La mente no podría enfrentarse con esta tarea gigantesca sino mediante el recurso simplificador de excluirse a sí misma, retirándose de su creación conceptual. De aquí que esta última no contenga a su creador» (pág. 52). A mayor abundancia cabe recordar otras declaraciones de poetas y filósofos, como aquella de Antonio MACHADO (1875-1939): «El ojo que ves no es / ojo porque tú lo veas; / es ojo porque te ve». O esta otra de Ludwig WITTGENSTEIN (1889-1951): «El sujeto no pertenece al mundo, sino que es un límite del mundo».

Las últimas observaciones sirven para arrojar algo de luz sobre el interrogante que en este punto se plantea. Si la autoconciencia no proporciona un conocimiento objetivo, habitualmente considerado como el único fiable, ¿para qué sirve entonces? Obviamente no para aportar contenidos, cuya adquisición corresponde en exclusiva a la conciencia intencional, sino para crear accesos directos que convierten en superfluas las redundancias que con tanta insistencia infectan la inteligencia natural y mucho más aún la artificial. La conocida fórmula *schopenhaueriana* que tanto gustaba a EINSTEIN: «Un hombre puede hacer lo que quiere, pero no puede querer lo que quiere» queda desbaratada por completo cuando está de por medio la autoconciencia, ya que ejerce un control directo en tiempo real sobre los contenidos de la mente. ¡Por supuesto que el sujeto autoconsciente «quiere lo que quiere», y también «quiere querer lo que quiere», «quiere querer querer lo que quiere» y así sucesivamente! Y no paso a paso —lo que, sin duda, sería una tarea infinita, inacabable—, sino de una sola vez: tal es la virtud de la autotransparencia. Esta forma de conciencia es una facultad que acompaña por igual al entendimiento y la voluntad. Se sitúa en un terreno que está por debajo de la distinción entre esas dos potencias, permitiendo que el yo tome posesión de sí mismo desde la más profunda raíz. Por ello representa la fuente más honda de la libertad. En efecto: esa es la utilidad por antonomasia de la autoconciencia, pues convierte su soporte en un yo, que es sujeto último de atribución de los actos inteligentes y volitivos que acompaña y apadrina, haciéndolos suyos y ejerciendo desde el derecho de veto a las pulsiones inconscientes, sobre el que tanto insistió el neurocientífico Benjamin Libet (1916-2007), hasta la decisión que pone fin y culmina los procesos reflexivos previos a la toma de postura razonada. Lo que hace posible este papel de supremo censor de la mente es precisamente el hecho de que la autoconciencia sea perfectamente límpida, cristalina, y que esté por completo vacía de sí misma. Cualquier estructura interna o presencia de contenidos propios la convertirían en un sistema articulado, opaco, dependiente de partes constitutivas y de implícitos extraños fuera de su control. En virtud de su congénita precariedad, el yo autoconsciente parte una y otra vez de cero, un cero tan absoluto que no permite rastrear instancias más básicas para determinarlo: esa es la razón profunda de que la conciencia sea, más que inexplicada, inexplicable.

CONCLUSIÓN

La anterioridad de la autoconciencia respecto a cualquier otro factor constitutivo inhabilita la pretensión de agotar la explicación del espacio mental desde la perspectiva nomológica: en la mente humana hay algo más de lo que resulta de aplicar cualquier sistema dado de leyes naturales. La autoconciencia no puede ser explicada así; más bien al revés: aparece como instancia nomogónica. Obviamente, no en el sentido de que pueda originar ninguna de las leyes descubiertas por las ciencias de la naturaleza, pero sí de que consigue encontrar un camino propio entre todo ese conglomerado. Para ello, la estirpe del *Homo sapiens* combina las inclinaciones que provienen de su pertenencia a la naturaleza en sentido amplio con determinaciones radicalmente autónomas, dando lugar no solo a decisiones puntuales que hasta cierto punto le pertenecen en exclusiva, sino a modos de ser que cristalizan como hábitos, hasta convertirse en una especie de segunda naturaleza, legada por la libertad. De ese modo se manifiesta en plenitud esa faceta de legisladora de sí misma que constituye el elemento más original y valioso de la condición humana. Cuando se convierte en objeto del estudio según las pautas del conocimiento científico, hay que hacer abstracción de la dimensión subjetiva, lo que fuerza a dejar de lado una propiedad esencial de la conciencia.

Todas las evidencias recogidas hasta ahora, así como las que previsiblemente cabe esperar del porvenir, son compatibles con la presencia de este factor, cuya consideración más neutral y rigurosa es incompatible en cambio con la pretensión de subyugarlo por completo bajo principios nomológicos. La aparición de esta discontinuidad ontológica no implica en modo alguno que se haya producido una discontinuidad fenomenológica en el curso de la historia de la especie. Lo natural y lo autoconsciente se dan la mano dentro de nosotros de modo inextricable, pero también inconfundible. Las relaciones mutuas no siempre son idílicas, como descubrimos una y otra vez en el día a día de nuestras vidas, a menudo, muy penosamente. Pero, aparte de que es imposible desligarlas so pena de perecer nosotros mismos, ni siquiera resulta deseable proponérselo como meta. Porque para bien o para mal —permitiéndonos una pequeña rectificación a la definición aristotélica— el hombre es el animal autoconsciente.

LECTURAS RECOMENDADAS

ARANA, Juan, *La conciencia inexplicada. Ensayo sobre los límites de la comprensión naturalista de la mente,* Madrid, Biblioteca Nueva, 2015.

— *¿Qué es la conciencia?*, Sevilla, Senderos, 2021.

BORGES, Jorge Luis, *Obras completas,* Barcelona, Emecé, 1989. 3 vols.

CHANGEUX, Jean-Pierre; RICOEUR, Paul, *Lo que nos hace pensar. La naturaleza y la regla,* Barcelona, Península, 1999.

CHURCHLAND, Paul M., *Materia y conciencia. Introducción contemporánea a la filosofía de la mente,* Barcelona, Gedisa, 1999.

CRICK, Francis, *La búsqueda científica del alma. Una revolucionaria hipótesis para el siglo XXI,* Madrid, Debate, 1995.

DAMASIO, Antonio, *El error de* DESCARTES. *La emoción, la razón y el cerebro humano,* Barcelona, Crítica, 2009.

DEHANE, Stanislas, «Signos de la conciencia», en BROCKMAN, John (ed.), *Mente,* Barcelona, Crítica, 2012, pp. 229-52.

DENNETT, Daniel C., *La conciencia explicada. Una teoría interdisciplinar,* Barcelona, Paidós, 1995.

EDELMAN, Gerald M.; TONONI, Giulio, *El universo de la conciencia. Cómo la materia se convierte en imaginación,* Barcelona, Crítica, 2002.

GELL-MANN, Murray, *El quark y el jaguar. Aventuras en lo simple y lo complejo,* Barcelona, Tusquets, 1998.

HOFSTADTER, Douglas R., *Yo soy un extraño bucle,* Barcelona, Tusquet, 2008.

KOCH, Christof; GREENFIELD, Susan, «¿Cómo surge la conciencia?», *Investigación y Ciencia,* diciembre 2007, pp. 50-7.

LIBET, Benjamin, «¿Tenemos Voluntad libre?», en CORTINA, Adela (ed.), *Guía Comares de Neurofilosofía Práctica,* Granada, Comares, 2012, pp. 217-234.

PENROSE, Roger, *La nueva mente del emperador,* Madrid, Mondadori, 1991.

— *Las sombras de la mente,* Barcelona, Crítica, 1996.

POPPER, Karl, *El desarrollo del conocimiento científico,* Buenos Aires, Paidós, 1967.
— *Búsqueda sin término,* Madrid, Tecnos, 1977.
POPPER, Karl R.; ECCLES, John C., *El yo y su cerebro,* Barcelona, Labor, 1985.
SCHRÖDINGER, Erwin, *La mente y la materia,* Madrid, Taurus, 1958.
SMOLIN, Lee, *The life of the cosmos,* Oxford, Oxford University Press, 1997.
WEINBERG, Steven, *Dreams of a Final Theory,* New York, Vintage Books, 1993.

CAPÍTULO 5

EL MODELO DE BERNARD BAARS Y STANISLAS DEHAENE. LA CONCIENCIA COMO ESPACIO DE TRABAJO GLOBAL

GABRIEL MADIROLAS

BAARS y DEHAENE. Gorilas y máscaras. El teatro de la conciencia. Neuronas modeladas y sistemas de redes. La ignición.

I

Cronológicamente, el primero de los modelos empíricos de la conciencia en ser presentado fue el *global workspace*, que aquí se ha traducido como espacio de trabajo global. Este modelo fue descrito en primer lugar por Bernard BAARS (1946), y fue aplicado a la anatomía y el funcionamiento cerebral por Stanislas DEHAENE (1965). Tras esta vinculación con la neurobiología, el modelo sumó el adjetivo *neuronal* a su nombre, por lo que hoy día suele hablarse de la teoría del espacio de trabajo neuronal global —*global neuronal workspace*, abreviado GNWT—, y suele considerarse a DEHAENE como abanderado de la misma.

Bernard BAARS es un científico cognitivo holandés, formado inicialmente en psicología en la Universidad de California en Los Ángeles, donde también obtuvo su doctorado en psicología cognitiva. Ha sido investigador en diferentes instituciones, normalmente vinculadas a la neurociencia, y tiene la particularidad de ser un individuo cuya persona va más allá de sus afiliaciones. Puede considerarse un investigador *freelance* que ha dedicado su vida académica a profundizar en el estudio de la conciencia, y a enseñar a otros, a través de artículos científicos, manuales especializados y libros divulgativos, lo que él ha aprendido. También ha creado varias sociedades científicas internacionales sobre la conciencia y el estudio combinado de la mente y el cerebro. En 2019 recibió el Premio Hermann von Helmholtz, otorgado por la Sociedad Internacional Red Neuronal, por sus contribuciones a lo largo de toda su vida profesional. Tiene centenares de publicaciones especializadas, y su trabajo ha sido citado en casi veinticinco mil ocasiones.

Stanislas DEHAENE es un neurocientífico francés que comenzó estudiando matemáticas, pero decidió dedicarse a la psicología y las ciencias cognitivas tras leer el libro de Jean Pierre CHANGEUX (1936) *El hombre neuronal*. Su aproximación a este campo del saber tuvo lugar desarrollando modelos computacionales de distintos procesos atencionales, perceptuales o cognitivos superiores, algo que sigue realizando en la actualidad. Salvo un breve período en Estados Unidos, ha desarrollado toda su investigación en Francia, siendo el director de la Unidad de Neuroimagen Cognitiva en el Instituto de Ciencias de la Vida Frédéric Joliot, cerca de París. Su aproximación al estudio de la conciencia se produce de manera opuesta a la de BAARS, es decir, no como un interés primario, sino a través de sus estudios en el modo en que conocemos o percibimos la realidad. En los últimos tiempos, además de ser un neurocientífico de gran prestigio internacional, ha cultivado con brillantez el mundo de la divulgación, como, por ejemplo, con el libro *Con ustedes... ¡nuestro cerebro!*, publicado en 2022. De cara al público, se muestra como un científico optimista hacia el avance de la neurociencia, afirmando que en las últimas décadas hemos progresado enormemente en el conocimiento de esta parte de nuestro cuerpo, y anticipando logros de la misma magnitud en el futuro. Como autor de trabajos científicos, ha participado en más de ochocientas obras, y ha sido citado en más de ciento cincuenta mil trabajos.

II

La teoría del espacio de trabajo global, y en particular añadiendo su versión neuronal, es el modelo más exitoso hoy día para abordar el estudio de la conciencia, junto con la teoría de la información integrada de TONONI, que se explicará en el capítulo siguiente. Más exitoso, en este caso, significa que es el que más atención atrae en cuanto a trabajos publicados, citas recibidas, y financiación conseguida; por consiguiente, está ampliamente extendido en la comunidad neurocientífica. La Fundación Templeton, conocida en el mundo de la ciencia por financiar proyectos interdisciplinares con grandes recursos, ha creado una iniciativa para comparar estas dos teorías de la conciencia —la de BAARS-

DEHAENE y la de TONONI—, y dictaminar no solo cuál puede salir victoriosa, sino de qué manera se puede dar una colaboración entre ambas. Esto es un buen indicador sobre el estado de la cuestión en la comunidad científica internacional.

¿De qué manera acomete este modelo el estudio de la conciencia? En el tercer capítulo de este *Libro*, se mencionaba cómo Ned BLOCK, filósofo australiano, distinguía dos maneras de comprender la conciencia, o dos formas distintas de referirse a ella: la conciencia fenoménica, ligada a la percepción subjetiva —los famosos *qualia*—, y la conciencia de acceso, aquella según la cual nos hacemos cargo de algo que sucede en nuestro entorno, o en nuestro propio cuerpo. Ser conscientes de lo que se siente al percibir el rojo haría referencia a la fenoménica, mientras que ser conscientes de que delante tenemos una manzana roja ejemplificaría la de acceso. Pues bien: la teoría del espacio de trabajo global se dirige únicamente a la conciencia de acceso. En cierto modo, esto puede ser decepcionante, pues parece dejar de lado lo más interesante —y lo más propio— del estudio de la conciencia. Por otra parte, es una aproximación realista, que podría superar la dificultad —o, mejor dicho, la imposibilidad— de naturalizar la conciencia que se presentaba en el capítulo anterior.

La conciencia de acceso se refiere a los contenidos que se encuentran disponibles para el razonamiento, el habla o la acción, y que son susceptibles de ser dirigidos racionalmente. Parte del hecho de que es posible comunicar con precisión aquello de lo que se es consciente, con lo que, de alguna manera, podemos objetivar nuestra interioridad. Partamos de dos experimentos, en este caso no mentales, sino empíricos, para introducir este modelo y su aproximación a la conciencia de acceso. El primero de ellos ha sido muy divulgado, por lo que es posible que el lector lo conozca. Si no es así, antes de leer las siguientes líneas, recomendamos que vayan a YouTube o un recurso similar, y que busquen «experimento del gorila». Con eso debería servir. A partir de aquí, advertimos un *spoiler* masivo que hará que este experimento no funcione nunca más. Fue propuesto inicialmente por dos investigadores de la Universidad de Harvard, Daniel SIMONS y Christopher CHABRIS, que, con acierto, titularon el artículo científico en el que explicaron su experimento como *Gorilas en nuestra niebla*. En su experimento, se muestra un vídeo a un conjunto de voluntarios, en el que aparecen dos equipos de jóvenes identificados con camisetas de diferente color; por ejemplo, uno blanco y otro negro. Se explica que, cuando empiece el vídeo, cada uno de los equipos, compuesto por tres participantes, empezará a pasarse un balón de baloncesto entre ellos. El objetivo del voluntario del experimento será contar el número de veces que uno de los equipos, según indique el experimentador antes de empezar, se pasa el balón entre sus jugadores. Es bien sencillo: hay que contar el número de pases que se da uno de los equipos. En una condición un poco más complicada, se les pide que lleven la cuenta de los pases de los dos equipos. El vídeo dura setenta y cinco segundos, y los voluntarios suelen contar el número de pases con gran exactitud.

Pero claro, hay truco. En determinado momento, a mitad del vídeo, una persona disfrazada de gorila —o una mujer de blanco con un paraguas— aparece en un extremo de la imagen, camina con naturalidad, y sale por el otro lado. Esto es lo que realmente interesa en el experimento. Todos los voluntarios vieron a la mujer de blanco con el paraguas cuando estaban contando los pases del equipo blanco, pero el 42 por 100 de aquellos que estaban contando los pases del equipo negro no la vieron. ¡Casi la mitad! Los resultados más llamativos llegan con el gorila: el 17 por 100 de los que contaban los pases del equipo negro no lo vieron —el disfraz de gorila era negro—, pero, increíblemente, el 58 por 100 de los voluntarios que atendían al equipo blanco no vieron el gorila. Con estos resultados, los investigadores decidieron recrearse, y reclutaron a doce nuevos voluntarios, a los que pidieron que contaran los pases del equipo blanco. En este caso, el gorila no solo atravesaba la escena, sino que se detenía en el centro, miraba a la cámara, y se golpeaba el pecho como solo un gorila sabe hacerlo. Incluso en esta situación, solo la mitad de los voluntarios lo vio. Si vuelve a ver el vídeo después de haberlo hecho antes, o después de haber leído esta descripción, encontrará *imposible* que alguien no pueda ver al gorila, porque, simplemente, *está ahí.* Pero la evidencia científica demuestra que un porcentaje llamativamente alto de la gente no lo ve. ¿Por qué, si *está ahí*? Porque el gorila, el estímulo visual, está ahí, pero, al encontrarnos implicados en una tarea con una cierta demanda cognitiva, no ha *accedido a nuestra conciencia.*

El segundo experimento es del grupo de DEHAENE, y fue publicado en 2001. Parte del hecho, ya conocido, de que si se muestra a una persona sana una palabra durante apenas unas decenas de milisegundos, a modo de flash, la palabra se puede identificar. Sin embargo, si se presenta precedida por otro estímulo visual sin significado, la persona no sabe de qué palabra se trata. En este caso, se dice que la palabra ha sido *enmascarada*. En el experimento del francés, teniendo al voluntario tumbado dentro del escáner de resonancia magnética funcional, muestran palabras enmascaradas junto con otras que no lo han sido, es decir, que pueden ser identificadas por los voluntarios. El objetivo era observar qué regiones cerebrales se activaban en una y otra condición. En el primer caso, el de las palabras enmascaradas, se da una activación de zonas del cerebro relacionadas con el procesamiento visual, e incluso tradicionalmente con la interpretación de palabras escritas, como el giro fusiforme. En este sentido, resultaba sorprendente una activación tan *rica* incluso aunque no hubiera reconocimiento consciente. Sin embargo, el patrón de activación cuando las palabras eran reconocidas fue mucho mayor, incluyendo estas regiones, pero también otras del lóbulo frontal y parietal, normalmente relacionadas con funciones más complejas. En la cuestión que nos ocupa, este estudio muestra que *algo* ocurre en el cerebro cuando un estímulo accede a la conciencia: una vez más, el estímulo siempre está ahí, y la activación de ciertas zonas del cerebro hace considerar que, efectivamente, a un nivel subconsciente, el cuerpo lo percibe. Pero, cuando la persona es capaz de detectar que ahí había algo concreto, el patrón de respuesta cambia: se hace más global.

El interés de estos dos experimentos, para este *Libro*, no reside en los hallazgos concretos que presentan, sino en el modo en que se entiende la conciencia: somos bombardeados constantemente por estímulos, y una pequeña fracción de ellos accede a nuestra conciencia. Este es el hecho que trata de explicar la teoría de BAARS y DEHAENE, de la siguiente manera.

III

En 2002, unos veinte años después de empezar a publicar aspectos de su teoría de la conciencia, BAARS comenzó a hablar de la hipótesis del acceso consciente. Su posición parte de que solo hay un contenido, por muy breve que sea, que tiene una posición dominante en la conciencia. Si estamos contando pases, no vemos al gorila; si lo vemos, dejaremos de contar pases. Si somos capaces de hacer las dos cosas a la vez, es porque nuestro foco de atención ha pasado tan rápido de uno a otro que no nos hemos perdido nada entre medias, pero no porque ambos hayan convivido al mismo tiempo en el espacio consciente. Pasando rápidamente a la arquitectura neural, BAARS entiende el cerebro como un gran conjunto de redes distribuidas, siendo cada una de ellas capaz de generar un contenido relevante que acceda a la corteza cerebral. Por ejemplo, la región relacionada con los estímulos visuales puede conseguir que estos primen y accedan a la conciencia, como ocurre la mayor parte del tiempo en el ser humano; sin embargo, un ruido súbito puede hacer que el contenido de las redes auditivas tome el protagonismo y sea este contenido, quizá durante un tiempo muy breve, el que reciba el acceso consciente. Para BAARS, este es un modelo teórico que cuadra perfectamente con la realidad del cerebro. Es imposible que todas estas redes distribuidas puedan coordinarse y competir entre ellas sin que haya un *espacio global* en el que confluyan, que dé prioridad a unas sobre otras, y que al mismo tiempo las integre.

La conciencia es el agente primario de ese acceso global a la información. Esto se da en humanos y en otros mamíferos. En general, todos estos recursos están automatizados, pero solo se dan si centramos nuestra atención en la fuente de estímulos. Por ejemplo, en una conversación con otra persona, nuestras redes cerebrales tienen que procesar información sobre el léxico, la sintaxis, o el lenguaje corporal, y se consigue tener una experiencia unitaria gracias a ese espacio global de trabajo. Para que esto ocurra, eso sí, el foco de la atención tiene que estar centrado en esa persona, y no en algún aspecto particular de la experiencia, porque entonces la red cerebral correspondiente sería la que coparía todo el espacio en ese momento. Si, en esa conversación, centramos toda la atención en los ojos de la otra persona, no prestaremos atención a lo que nos dice. En términos románticos, esto se llama quedarse embelesado; en lenguaje técnico, BAARS diría que la red visual ha ocupado por completo el espacio de trabajo. Que cada cual escoja la versión que más le satisfaga.

Para visualizar este modelo, el holandés propone la metáfora de un teatro muy particular, en el que los actores luchan por tener el protagonismo. El foco situado encima del escenario pone la luz en una zona muy restringida, que es a donde va a mirar la gente. Estos actores simbolizan la información contenida en un determinado momento en las distintas redes cerebrales de los sentidos, así como en ciertos recuerdos, ensoñaciones o nuevas ideas que puedan tener un correlato material en otras redes. La denominada *memoria operante*[1] juega un papel muy importante en este proceso, ya que retiene a corto plazo los contenidos relevantes, para mover el foco de la conciencia a uno u otro lado. Los estímulos —los actores—, pueden ir entrando y saliendo del foco de la atención, pero su contribución no se pierde, sino que es retenida durante unos segundos por la memoria operante. Por tanto, buena parte del trabajo de esta memoria a corto plazo se da en la oscuridad. En determinado momento, este teatro de la mente produce una salida, que es la orden de que se ejecute una acción —el habla, manipulación de un objeto, desplazamien-

[1] Este término no es un neologismo de BAARS, sino uno de los tipos de memoria descritos clásicamente por la psicología del siglo XX. Procede del término inglés «*working memory*», por lo que en ocasiones se traduce como «memoria de trabajo». Aquí se utiliza otra de sus traducciones, memoria operante, ya que captura lo importante de este proceso mental: está en marcha en un determinado momento para retener durante un corto espacio de tiempo —decenas de segundos, en general— contenidos que pueden ser relevantes para el sujeto. En tiempos pasados en los que había guías telefónicas y teléfonos fijos, era la memoria que se ponía en marcha para retener el número de teléfono consultado en la primera, hasta que se marcara en el segundo.

to, etc.—. A su vez, esto pondrá en marcha una serie de respuestas inconscientes, automatismos de todo tipo, que acompañarán a la acción. También es importante, destaca BAARS, el contexto en el que se desenvuelve esta obra teatral, que incluye las expectativas, las intenciones, los contextos perceptuales, o el yo como tal. Todos estos se encuentran entre bambalinas, y son los que van a dar las órdenes sobre dónde debe dirigirse el foco. Como es obvio, toda nuestra atención se irá a un plato de comida apetitoso si estamos hambrientos, pero no será así si nos encontramos saciados y tenemos otras necesidades en ese momento. En concreto, es el yo el que guiará toda la función, y no es una sustancia inmaterial ni una función mental en sí, sino que, para BAARS, es la región frontal de la corteza cerebral. Para justificar este aspecto, el científico recurre a casos bien conocidos sobre daño cerebral adquirido, como el de Phineas Gage (1823-1860). Este trabajador del ferrocarril americano ha adquirido gran popularidad en la neurociencia por un accidente, en el cual una barra de acero le atravesó la parte frontal de su cabeza, llevándose con ella un ojo y parte de su cerebro. Sorprendentemente, el señor Gage se recuperó en unas pocas semanas, pero su personalidad cambió drásticamente: de ser una persona afable, respetuosa y comedida, pasó a ser alguien desinhibido, colérico e inapropiado. A partir de este caso y con una gran cantidad de investigaciones posteriores, resulta innegable el papel de esta región cerebral en el control de impulsos y la organización de la conducta guiada a metas.

El uso del teatro como metáfora para explicar la conciencia es arriesgado, pues el filósofo Daniel DENNETT lo empleó previamente para acuñar el término *teatro cartesiano*, con el que desacreditar a los que opinan que en nuestras mentes —o cerebros— se da una representación de lo que ocurre en el mundo. Si fuera así, necesitaríamos un intérprete que viera esa función, un hombrecillo —u homúnculo— que habitara en una u otro y estuviera viendo las representaciones. Esta ridiculización se completa añadiendo que ese hombrecillo, a su vez, tendría representaciones cerebrales o mentales de lo que está viendo, con lo cual necesitaría tener dentro a otro homúnculo que las interpretara. Y así hasta el infinito. BAARS no tiene este problema, porque él no está hablando de una representación, ni está diciendo que la conciencia sea el público del teatro. Ni siquiera es el foco de atención: es el agente del foco de la atención. Conviene no confundir el teatro cartesiano de DENNETT con el teatro de la mente de BAARS, se esté de acuerdo con ambos, con uno, o con ninguno.

En síntesis, el modelo del espacio de trabajo global *naturaliza* la conciencia de acceso, partiendo de que nuestros sentidos son bombardeados por muchos estímulos de manera simultánea, lo cual es procesado por distintas redes cerebrales, y solo un contenido muy determinado tiene acceso a la conciencia durante unos instantes. Los contenidos que ya han pasado por la conciencia son retenidos por la memoria operante, y todo el proceso pone en marcha una respuesta, motora o de otro tipo. Una red situada en la corteza cerebral frontal es la que dirige el foco de atención a uno u otro estímulo. La conciencia sería esa función que permite el cambio de atención entre los elementos presentes en el escenario del teatro de la mente.

IV

El matemático y neurocientífico Stanislas Dehaene ha dedicado buena parte de su carrera a precisar los correlatos neurales del modelo del espacio de trabajo global de la conciencia. Para poder entenderlo, hay que tener en cuenta cómo se *modeliza* una neurona desde las ciencias computacionales. Una neurona es un elemento biológico extremadamente complejo, que puede tener diversas configuraciones. La más habitual es la neurona multipolar, que consta de un pequeño cuerpo celular de unas veinte micras, del cual emerge un árbol de finas prolongaciones que puede ser extremadamente denso, las dendritas, y una única prolongación, llamada axón, también muy fina, pero que puede ser mucho más larga —de hasta un metro de largo en el ser humano, en algunos casos extremos— y que también termina en profusas ramificaciones. Esta es la estructura anatómica de una única neurona: recordemos que en el cerebro tenemos unos ochenta y cinco mil millones de ellas. Funcionalmente, las neuronas son capaces de alterar la carga eléctrica almacenada en sus membranas —la capa que envuelve a cada célula—, normalmente en respuesta a un estímulo externo a ella. Esto se consigue abriendo o cerrando los canales de sus membranas, una especie de compuertas que dejan pasar iones —elementos químicos cargados positiva o negativamente—, y que crean una diferencia en concentración y carga entre el interior y el exterior de la neurona. Esto es lo que almacena electricidad en la membrana. Los cambios en la misma se suelen dar de manera gradual y, cuando alcanzan un cierto valor, se produce una apertura masiva de canales que da lugar al famoso *potencial de acción*, un aumento en la carga eléctrica que se transmite a lo largo de todo el axón. Cuando llega a su terminal, este pico de carga eléctrica hace que se liberen unas vesículas que contienen un neurotransmisor, que es una sustancia química capaz de ser captada por las dendritas de otra neurona adyacente de manera extremadamente específica, y producir en esta una apertura o cierre de canales que altere su carga eléctrica. A esta comunicación electroquímica entre neuronas se le llama *sinapsis*, y también puede darse, con otro nombre, entre una neurona y un músculo, siendo la liberación del neurotransmisor en la primera lo que produce una contracción del segundo. Recordemos que cada neurona establece sinapsis con una media de diez mil neuronas. Esto, en un largo párrafo, es un resumen de la anatomía y el funcionamiento de una neurona. Para dar una idea un poco más completa de cómo es una neurona *real*, debe tenerse en cuenta que sus componentes están en continuo cambio: los canales de membrana y moléculas de neurotransmisores se están recambiando constantemente, las dendritas crecen y se retraen, y se crean y eliminan contactos sinápticos con gran frecuencia.

Cuando una neurona se modeliza desde las ciencias computacionales, se entiende como un interruptor que va a dejar pasar un mensaje, o no, según el estado en el que se encuentre. Esta aproximación es una herencia de los trabajos de McCulloch y Pitts, precursores de la «inteligencia artificial», a mediados del siglo xx. Como las neuronas *naturales*, estas *neuronas artificiales* tienen una entrada desde otras neuronas. A cada una de estas entradas, en el modelo computacional, se le asigna un *peso*, que refleja cuánto influye en la neurona receptora el mensaje recibido desde la neurona emisora. Por ejemplo, una neurona A puede recibir un valor positivo de +0,5 desde una neurona B, y otro negativo de -0,25 de una neurona C. Combinando estos valores, la neurona A generará su propia señal, y la transmitirá a otras neuronas artificiales. En este contexto sintético, aunque por lo general también a nivel biológico, cuando se habla de que una neurona pasa un mensaje a otra, se hace referencia al potencial de acción, es decir, a ese incremento súbito de la carga eléctrica de la membrana. Este es el circuito más básico posible. A partir de aquí, pueden hacerse circuitos de mayor complejidad «redes neuronales» —artificiales— que consigan hacer lo que quiera el investigador, o que simulen con más o menos precisión un circuito neuronal real, siempre teniendo en cuenta que nunca van a alcanzar determinado nivel de realismo, sobre todo al carecer del dinamismo que se mencionaba al final del párrafo anterior.

En un trabajo de 1998, Dehaene y sus colaboradores parten del modelado de circuitos neuronales, y del modelo de Baars, para generar una red neuronal artificial que realice tareas que requieren una cierta demanda cognitiva. Su punto de partida es que, como sugería el holandés, existen una serie de procesadores especializados en el cerebro, que tienen una función concreta y una localización restringida. Estos serían los actores del teatro. Además, existe un espacio de trabajo neuronal global, distribuido por todo el cerebro, que incluye conexiones de larga distancia entre las regiones involucradas, y que va a recibir los mensajes de los procesadores especializados. Como se puede imaginar, también seleccionaría a cuál de los procesadores se da prioridad. Estos pueden ser de cinco tipos distintos, y tienen que ver con el presente, el pasado o el futuro. En primer lugar, están los sistemas perceptuales, que informan de lo que llega a través de los sentidos, dando al espacio global de trabajo información acerca del momento presente. Un segundo procesador informa del pasado, e incluye los circuitos de memoria a largo plazo. En tercer lugar, los circuitos de evaluación permiten que cualquier contenido que llegue al espacio global pueda ser evaluado como positivo o negativo; así, se mantendrá o desaparecerá, según esa evaluación. El cuarto procesador serían los circuitos atencionales, que se encargan del control interno. Permiten que el espacio de trabajo global acentúe o atenúe la información que le llega desde los otros circuitos. Finalmente, el procesador orientado hacia el futuro es el que se encarga de la programación motora, que planifica los movimientos relacionados con el espacio global. Esto incluye, como proponía BAARS, el lenguaje: cualquier contenido al que tengamos acceso es susceptible de ser comunicado. Esto es muy importante para saber si soy consciente de un contenido o no.

Sin embargo, todo este sistema de redes no es suficiente para poner en marcha la conciencia de acceso. Como se explica a continuación, es necesario girar la llave que pone el motor en marcha: la ignición.

V

La activación del espacio global de trabajo, o, para DEHAENE, de la conciencia de acceso, se da de manera brusca, súbita. No es un proceso lineal, gradual, sino discontinuo. Es la ignición. Esta se da por la activación de un subconjunto de neuronas del espacio global, que comienzan a actuar de una manera coordinada. De nuevo, esta conclusión a la que llegan DEHAENE y su equipo se basa en un experimento, que en esta ocasión llevaron a cabo con primates no humanos. En 2018 describieron, en un artículo publicado en la revista *Science*, las distintas redes neuronales que se activaban en el cerebro de unos monos cuando percibían de forma consciente un estímulo visual débil, que en ocasiones accedía a la conciencia, y en otras quedaba como una percepción subliminal. Los monos habían sido entrenados para mirar al lugar donde había estado el estímulo —si lo habían visto— medio segundo después de que hubiera aparecido, o bien al lado contrario si el estímulo no había aparecido —o, mejor dicho, si no lo habían visto—. Como se indicó al hablar del experimento del gorila, ese débil estímulo visual siempre estaba ahí, y por tanto, produjo una activación de las áreas visuales de la corteza cerebral, aunque el mono no manifestara que lo hubiera visto. De hecho, esta oleada de actividad eléctrica iba avanzando desde las áreas visuales más básicas, en el polo occipital, hasta regiones de integración en el lóbulo temporal y el frontal.

En el caso de la detección consciente del estímulo, el patrón de actividad cerebral fue más complejo, implicando regiones cerebrales similares —corteza occipital, temporal y frontal—, pero dándose una retroalimentación y sincronización entre todas ellas. Ahora no había una oleada simple desde regiones posteriores a anteriores, sino que estas áreas mantenían un diálogo bidireccional sostenido en el tiempo. Para los experimentadores, el modelo que mejor explica sus datos supone que esta activación sostenida de la corteza frontal se da *de repente*, no como consecuencia de un aumento lineal de la activación de otras regiones cerebrales, sino como un proceso de ignición, de arrancada del motor, en las propias áreas frontales. Desde un punto de vista neuroanatómico, los defensores de esta teoría dan una gran importancia a las neuronas localizadas en las capas superficiales de la corteza cerebral —denominadas capas dos y tres—, porque son las que establecen más conexiones con otras regiones de la corteza, y por tanto, pueden llevar a cabo de manera rápida y efectiva esa transmisión de la información de unas zonas a otras. Además de esto, es bien conocido que la comunicación entre áreas alejadas de la corteza puede darse de manera más efectiva a través de un tercer elemento, el tálamo, un conjunto relativamente grande de núcleos densamente interconectado con la corteza, y que, además, recibe la información sensorial antes de que llegue a esta.

Para modelizar esto, DEHAENE se basó en otro paradigma psicológico conocido, el parpadeo atencional. El modo de evaluar este fenómeno es similar al que se mencionaba al comienzo de este capítulo, cuando se hablaba de las palabras enmascaradas. En este caso, se presenta una serie de números, cada uno presentado cada cien milisegundos —es decir, una décima de segundo—. De vez en cuando, dentro de la serie de números, aparece una letra; y, en otras ocasiones, esta letra viene seguida de otra segunda. La tarea del voluntario es detectar e identificar las letras que ha podido ver, tanto la primera como la segunda. La evidencia conductual muestra que, si ambas letras están lo suficientemente separadas, ambas pueden percibirse conscientemente. Sin embargo, si la segunda aparece poco después de la primera —pongamos, por ejemplo, cien o doscientos milisegundos después—, es muy probable que no llegue a percibirse la segunda. Según el modelo de DEHAENE, a través de las redes de procesamiento visual, tanto la primera letra como la segunda estarán compitiendo por acceder a la red global. Como es lógico, los procesadores de la primera letra avanzan primero en la lucha por acaparar el foco de la conciencia, y producen la ignición: somos conscientes de haber percibido la primera letra. Así, se activan de manera coordinada las neuronas de la red global, y la excitación entre estas y las de los procesadores básicos se retroalimenta y perdura en el tiempo. Como consecuencia de esta situación de dominancia, se pueden inhibir los procesadores que se están encargando de la percepción de la segunda letra: en este caso, la visualización de esta no sería consciente. Esto es lo que ocurre cuando ambas letras se presentan próximas en el tiempo. Si existe una suficiente separación entre ambas, el espacio de trabajo global estará *limpio* para que se produzca una nueva ignición como consecuencia de la segunda letra. Por tanto, esta también se percibirá conscientemente.

Según DEHAENE, la conciencia de acceso se puede estudiar y modelizar de una manera similar con otra famosa prueba que procede de la psicología: la tarea Stroop. Esta consiste en leer palabras cuyo significado son colores: amarillo, naranja, rojo, negro, etc. La particularidad de la tarea es que la mayoría de estas palabras están escritas en un color distinto de aquel que significan. Teniendo en cuenta la lista anterior, la primera palabra estará escrita en rojo, la segunda en amarillo, la tercera en negro y la cuarta en naranja, por ejemplo. El experimentador puede pedir al voluntario que lea la palabra, o bien que indique en qué color de letra está escrita. En ambos casos se produce el fenómeno de *interferencia*: hay dos contenidos distintos que tratan de dominar el foco de la conciencia, el color al que refiere la palabra, y el color de letra en el que está escrita. Por lo general, la interferencia es menor si nos piden leer la palabra, porque estamos acostumbrados a leer, y es sencillo bloquear la información que procede del color de las letras que estamos leyendo. Sin embargo, la tarea se torna complicada si tenemos que bloquear el significado de la palabra que leemos, y nos piden que reportemos el color en el que está escrita. No solemos estar acostumbrados a ello. En la modelización de DEHAENE y sus colaboradores, la información visual de ambos procesadores —el del significado y el del color de letra— *asciende* hasta los procesadores especializados, que son filtrados por los circuitos atencionales para dar relevancia al significado de la palabra o al color en el que se ha escrito. Las neuronas del espacio de trabajo, además, van a evaluar la respuesta que se ha dado para compararla con lo que se había pedido. De esta manera, se puede corregir o reforzar el modo en que se está llevando a cabo la tarea.

Este es, en esencia, el modo en que Stanislas DEHAENE y su equipo llevan al cerebro la teoría del espacio de trabajo global de Bernard BAARS. En el último apartado, se presentan una serie de cuestiones que surgen desde la aproximación interdisciplinar a esta teoría.

CONCLUSIÓN

Si se tiene en cuenta la riqueza teórica del estudio de la conciencia que se ha presentado en los primeros capítulos de este *Libro*, y en especial la imposibilidad de naturalizar la conciencia expuesta por Juan Arana, el modelo de Baars y Dehaene parece una aproximación colateral al problema. En este caso, los fenómenos se consideran como dados: el cerebro intercambia *información* —sea lo que sea eso— entre sus distintas regiones, y esto resulta en un foco de atención diferencial sobre uno de los fenómenos presentes en los sentidos. Pero, ¿cómo llegan estos fenómenos allí? Una vez más, volviendo al problema difícil de la conciencia, el que hace referencia al sentimiento subjetivo de las experiencias, no estamos hablando de cómo una palabra escrita, un color o un gorila negro llega los órganos de los sentidos y de estos al sistema nervioso, sino de cómo se da la experiencia subjetiva de palabras, colores o gorilas. Ese es el fenómeno. Esto no es, en absoluto, una enmienda a la totalidad de este modelo, sino una exposición negro sobre blanco de lo que trata de explicar, para así destacar sus puntos fuertes y comprender los débiles. La teoría del espacio de trabajo global no intenta explicar cómo se producen los fenómenos, sino cómo el cerebro los trae a la conciencia.

Por tanto, ¿es una explicación o una descripción de cómo funciona la conciencia? Todo apunta a lo segundo. Basándonos en el planteamiento teórico que se ha presentado en este *Libro*, y en muchas otras evidencias, resulta difícil de creer que la naturaleza de la experiencia pueda explicarse a partir de la mera actividad cerebral. Sin embargo, es indudable que esta da forma y condiciona a la experiencia consciente, del mismo modo en que la posición de las manos afecta a las sombras chinescas presentes en la pared. Quizá el modo correcto de abordar el problema de la conciencia sea no tomar a esta como una sustancia, que se produce —o no— a partir de la actividad cerebral, sino entenderla como una habilidad, la capacidad de ser conscientes de una experiencia que se acaba de tener. Así, siguiendo a Daniel Dennett, la conciencia siempre sería una elaboración retrospectiva de experiencias ya pasadas, aunque apenas hayan transcurridos unos milisegundos. En cualquier caso, esto no soluciona ni esquiva el problema difícil de David Chalmers: ¿por qué, entonces, todos estos procesos neuronales se traducen en experiencias conscientes, y no se quedan simplemente en eso, procesos neuronales? ¿Qué, cómo y por qué se añade la experiencia subjetiva a la actividad neuronal? A nivel neurobiológico, ¿qué tienen de especial las neuronas del espacio de trabajo global para que produzcan o se asocien con una experiencia consciente?

Todas estas preguntas surgen del diálogo interdisciplinar sobre el problema de la conciencia. En cualquier caso, es valioso tener modelos neurobiológicos bien fundamentados, a modo de hipótesis de trabajo, para enriquecer las propuestas teóricas, darles una base fisiológica, e ir asentando unos buenos cimientos sobre los que construir las propuestas que vengan en el futuro.

LECTURAS RECOMENDADAS

BAARS, Bernard J., «In the theatre of consciousness. Global workspace theory, a rigorous scientific theory of consciousness», *Journal of Consciousness Studies* 4(4): 292-309, 1997.

— «The conscious access hypothesis: origins and recent evidence», *Trends in Cognitive Sciences* 6(1): 47-52, 2002.

BLOCK, Ned, «On a confusion about a function of consciousness», *Behavioral and Brain Sciences* 18(2): 227-247, 1995.

CHANGEAUX, Jean-Pierre, *El hombre neuronal*, Madrid, Espasa, 1986.

DEHAENE, Stanislas, *Con ustedes... ¡nuestro cerebro!*, Madrid, Clave Intelectual, 2022.

DEHAENE, Stanislas; KERSZBERG Michel; CHANGEAUX, Jean-Pierre, «A neuronal model of a global workspace in effortful cognitive tasks», *PNAS* 95(24): 14529-14534, 1998.

DEHAENE, Stanislas; SERGENT, Claire; CHANGEUX Jean-Pierre, «A neuronal network model linking subjective reports and objective physiological data during conscious perception». *Proceedings of the National Academy of Sciences* 100.14 (2003): 8520-8525.

DEHAENE, Stanislas, *et al.*, «Cerebral mechanisms of word masking and unconscious repetition priming», *Nature Neuroscience* 4(7): 752-758, 2001.

MASHOUR, George A.; ROELFSEMA, Pieter; CHANGEUX, Jean-Pierre, DEHAENE, Stanislas. «Conscious Processing and the Global Neuronal Workspace Hypothesis». *Neuron* 105.5 (2020): 776-798.

SIMONS, Daniel J.; CHABRIS, Christopher F., «Gorillas in our midst: sustained inattentional blindness for dynamic events», *Perception* 28(9): 1059-1074, 1999.

VAN VUGT, Bram, *et al.*, «The threshold for conscious report: Signal loss and response bias in visual and frontal cortex», *Science* 360(6388): 537-542, 2018.

CAPÍTULO 6

EL MODELO DE GIULIO TONONI. LA CONCIENCIA COMO INFORMACIÓN INTEGRADA

Javier Sánchez-Cañizares

Tononi y Edelman. Postulados fenomenológicos. El formalismo de la teoría. Cómo definir distancias entre informaciones. Críticas a la teoría. Una aplicación prometedora y una carta demoledora.

I

Giulio Tononi (1960) es un neurocientífico nacido en Trento (Italia), nacionalizado estadounidense, y que desarrolla su actividad investigadora en la Universidad de Wisconsin en Madison. Desde el comienzo de su carrera investigadora se especializó en el estudio de la neurofisiología del sueño, tanto en el ser humano como en sus generalizaciones y diferencias en otras especies. Junto con Chiara Cirelli, ha propuesto la hipótesis de la homeostasis sináptica para explicar la necesidad de esta función fisiológica, tan extendida como enigmática en cuanto a su papel en los seres vivos. Para ellos, como han observado en sus experimentos, la fuerza de las sinapsis entre las neuronas aumenta durante la vigilia, y el sueño sirve para que vuelva a sus niveles basales y pueda fortalecerse al día siguiente. Si no existiera esta vuelta al equilibrio —homeostasis— la potenciación seguiría aumentando hasta agotarse, produciendo el resultado bien conocido por la privación de sueño: la muerte. La alteración de los patrones del sueño estaría detrás de algunos trastornos del ánimo, mientras que otras enfermedades mentales, como la esquizofrenia, serían la manifestación de la alteración de algunas regiones cerebrales implicadas en esta función fisiológica, como el tálamo. Gracias a esta investigación, TONONI ha recibido prestigiosos premios internacionales, y ostenta la cátedra David P. White en Wisconsin.

Nuestro interés en su carrera investigadora se centra en su otro gran campo de trabajo: el estudio de la conciencia. Después de completar su tesis doctoral en Pisa, y servir en el ejército italiano, continuó con su carrera investigadora en Nueva York, bajo la supervisión de Gerald EDELMAN y uno de sus doctorandos, Olaf SPORNS. El segundo es un investigador de gran prestigio en el estudio de las redes cerebrales, desarrollando su labor en la Universidad de Indiana. EDELMAN había recibido el Premio Nobel en 1972 por sus trabajos en inmunología, y, como hizo Francis CRICK, uno de los descubridores de la estructura del ADN, tras obtener el máximo galardón en investigación dedicó sus esfuerzos a desentrañar uno de los principales enigmas del ser humano: la conciencia.

A esta empresa se sumó gustosamente TONONI, un joven psiquiatra italiano con un gran talento para las matemáticas. En sus primeras obras conjuntas, los tres investigadores apuntaron a la segregación y la integración como los principales rasgos de la complejidad del cerebro, y de su vinculación con la actividad mental. Colaboró con EDELMAN en el desarrollo de su hipótesis del *darwinismo neural*, que trataba de explicar el dinamismo del cerebro a través de unas redes neuronales preestablecidas durante el desarrollo del embrión. Finalmente, cristalizaron sus reflexiones sobre la conciencia en el libro *El universo de la conciencia: cómo la materia se convierte en imaginación*, publicado originalmente en 2001. Un poco antes, en 1998, ambos empezaron a relacionar la conciencia con la integración de la información en el cerebro. A partir de aquí, TONONI siguió desarrollando sus estudios sobre el sueño y, en paralelo, ya sin EDELMAN, se decidió a formalizar su propia teoría de la conciencia como información integrada. Así, en 2004 publicó un artículo titulado «An information integration theory of consciousness», en el que presenta, literalmente, «una teoría sobre qué es la conciencia y cómo puede medirse».

Este es el comienzo de una de las teorías científicas de la conciencia más exitosas, pero también más discutidas hoy día. En lo que sigue, se expondrán de forma muy básica sus principales características para que el lector sea capaz de detectar sus puntos fuertes y débiles.

II

El 2017, el físico Max TEGMARK (1967) publicó el libro *Vida 3.0. Qué significa ser humano en la era de la inteligencia artificial*. En una de sus figuras presentaba, a modo de pirámide, los problemas que se encuentra la ciencia para estudiar la conciencia. En la base se encuentran los más sencillos —o menos complicados—, y en el ascenso a los niveles superiores hallamos cuestiones cada vez más inabordables por la ciencia. En total, plantea cuatro preguntas, de menor a mayor grado de complejidad:

1) ¿Cómo procesa el cerebro la información, y cómo funciona la inteligencia?
2) ¿Qué propiedades físicas pueden distinguir a los sistemas conscientes e inconscientes?
3) ¿Cómo pueden las propiedades físicas determinar los qualia?
4) ¿Por qué existe la conciencia?

En principio, la teoría de la información integrada de Tononi se dirige al segundo de los problemas, planteando un estudio científico sobre los condicionantes físicos que caracterizan a los seres —o sistemas— conscientes. Para esta teoría, la conciencia es equivalente a un máximo de información integrada y con determinada estructura, como veremos a continuación. Esta afirmación no es vacua, porque podrían defenderse las alternativas de que la conciencia tiene que ver con la existencia de nuevas partículas, de reacciones químicas determinadas, o con la abundancia de cierto tipo de neuronas. Tononi toma partido por la integración de la información. En el desarrollo de su teoría, también aspira a poder responder las cuestiones que rodean a esta, es decir, la primera y la tercera de las enunciadas anteriormente: la estructura de la información integrada podría explicar la base física de los *qualia*, y el funcionamiento del cerebro y la inteligencia. Incluso podría aspirar a dar una cierta explicación a la cuarta cuestión: la conciencia existiría porque hay máximos de información integrada.

Comencemos por el principio. Tononi piensa que no se puede empezar a hacer una teoría de la conciencia desde el cerebro: no se puede obtener una experiencia consciente simplemente de un trozo de materia. Esto sería, en sus palabras, como convertir el agua en vino. Por ello, el camino va a ser buscar las propiedades esenciales de la conciencia atendiendo a nuestra propia experiencia consciente y, a partir de ahí, traducirlo a su base orgánica, que para Tononi, ahora sí, son los procesos cerebrales. El punto de partida, por tanto, son los *axiomas fenomenológicos* sobre la conciencia: afirmaciones basadas en nuestra propia experiencia que no hay por qué demostrar, y que van a ser los cimientos sobre los que se construirá la teoría. Son cinco: existencia, composición, información, integración y exclusión.

El primero es sencillo, aunque esconde más de lo que parece: la conciencia *existe*, es algo real. No es un mal punto de partida para una teoría que trata precisamente de explicar la conciencia. Ironías aparte, este axioma no es tan obvio como parece, porque en la filosofía, la ciencia cognitiva y la neurociencia existen influyentes corrientes de pensamiento *eliminativistas*, que defienden la inexistencia de la actividad mental y la conciencia. Patricia CHURCHLAND, filósofa con gran presencia mediática en todo el mundo, defiende que la conciencia es una ilusión, y que lo único valioso es estudiar el cerebro. El segundo axioma es el de la *composición*, y se refiere a que toda experiencia consciente tiene una estructura. Tiene múltiples aspectos: colores, formas, sonidos, y todos ellos tienen una estructura definida. Además, en cada experiencia consciente hay *información*, y eso es lo que hace que cada una sea distinta de otra. Esto es debido a que cada una tiene una información distinta, sin repeticiones. Efectivamente, en el universo no hay repeticiones: como mucho, cosas parecidas. En cuarto lugar se encuentra el axioma de la *integración*: la información de la experiencia consciente tiene una unidad, de manera que no captamos formas por un lado, colores por otro, etc., sino que captamos unidades de experiencia consciente. Finalmente, el axioma de la *exclusión* quiere decir que no puede haber experiencias solapadas o anidadas unas dentro de otras, sino que cada una excluye a las otras. Este quizá sea el axioma más problemático, pues otras corrientes de pensamiento, como aquellas que proceden de William JAMES (1842-1910), proponen un flujo de conciencia más gradual, en el que los contornos de una y otra experiencia no están tan definidos, sino que existe un área de penumbra en la que pueden solapar.

Sea como fuere, este es el punto de partida con el que TONONI se compromete sin discusión. Las experiencias conscientes existen, cada una de ellas está estructurada, se distingue de las demás por la información que tiene, forma una unidad en sí misma, y cada una excluye a las demás. A partir de aquí propone una formalización compleja y, para algunos, discutible, que lleva a conclusiones polémicas tal como que cualquier objeto del universo tendría un cierto grado de conciencia. Él está abierto a discutir la formalización y las conclusiones, siempre y cuando se respeten los axiomas fenomenológicos, que son innegociables.

III

La teoría de la información integrada es joven, enunciada por primera vez en 2008, y en continua evolución: en 2023 se anunció la versión 4.0. En ámbitos académicos, se ilustra con la letra griega *phi* mayúscula (Φ), que es más un logo que una mera designación: el trazo vertical es la I de información, mientras que el círculo que la rodea representa la integración. El primer paso para entender la compleja formalización de esta teoría es comprender el concepto de información efectiva. Partamos de la red más sencilla posible —recordemos que TONONI, a través de su formación con Edelman y Sporns, crece académicamente en el caldo de cultivo de interpretar el cerebro como un conjunto de redes—, formada por tres nodos, cada uno de los cuales puede tener solo dos estados: 0 o 1. Además, todos tienen una relación bidireccional entre ellos: el A con el B, el B con el C, y el A con el C. La última regla del juego es que estos nodos se comportan como una *puerta lógica AND*. Esto significa que el estado de un nodo —0 o 1— depende del estado de los otros dos, los cuales se multiplican. Así, solo hay una posibilidad de que A esté en el estado 1, y es que B y C también estén en este estado. Si B o C —o ambos— están en 0, A también lo estará. En el fondo, una puerta lógica del tipo AND supone que, para saber el estado de A, tendremos que calcular la multiplicación de los estados de B y C; con que uno de ellos sea 0, A también será 0.

Esta sería la foto fija de nuestra pequeña red de tres nodos. Incluyamos ahora el tiempo. Supongamos que en un punto de tiempo inicial (t0) tenemos a nuestros nodos A y B en estado 1, y al C en estado 0. En el siguiente momento de tiempo (t1), según las mencionadas dependencias de tipo AND, el nodo A pasará a estar en estado 0 —porque se multiplicarán B=1 y C=0—, B también pasará a estar en estado 0 —porque se multiplicarán A=1 y C=0—, y C pasará a un estado 1 —porque se multiplicarán A=1 y B=1—. Estos números, 0 y 1, se representan en bits, o unidades binarias de información. Otra manera de entender el dinamismo de esta red tan sencilla es partir de todos los estados posibles que puede tener la red de tres nodos, cada uno de los cuales puede estar en dos estados. Matemáticamente, esto son 2^3 posibilidades, es decir, 8: {(0,0,0); (0,0,1); (0,1,0); (0,1,1); (1,0,0); (1,0,1); (1,1,0); (1,1,1)}. Nótese que el primer número en cada paréntesis correspondería al estado del nodo A, el segundo al del B, y el tercero al del C. Si observamos en nuestra red, en un momento de tiempo determinado (t1), que los nodos están en estado (0,0,1) —como decíamos anteriormente—, podemos predecir que la situación en t0, indudablemente, era el séptimo estado posible de los descritos entre llaves: (1,1,0). Compruébelo con lápiz y papel si no le convence. Dicho de una manera general, el estado actual de la red restringe las posibilidades de los estados de los que puede proceder. En el caso de una red tan sencilla, esta restricción es máxima, y se reduce a una posibilidad.

Esta es la *información efectiva*: una medida de cuánto constriñe el estado actual de una red el espacio de posibilidades desde el que puede proceder. También se puede emplear para los estados futuros, pero eso lo dejaremos para más adelante. La información efectiva tiene su propia fórmula, por supuesto, pero pensamos que el lector puede vivir sin ella. En este punto, lo importante es saber que nos permite reducir la indeterminación o indefinición acerca de la procedencia de un estado: en principio, la indeterminación en la información de la transición de t0 a t1 es de 3 bits; sin embargo, sabiendo el estado final y la constricción absoluta que mencionábamos, la indeterminación en la información pasa a ser 0, porque el estado anterior está completamente determinado. Esto significa que el conocimiento del estado actual de la red aporta 3 bits de información efectiva. Por completar este primer paso en la formalización, pongamos por caso que el estado en t1 de estos tres nodos sea (0,0,0). Ahora, el espacio de posibilidades de t0 queda constreñido, pero no a una única posibilidad: pueden ser posibles todos los estados de la red en los que al menos dos de los nodos sean 0. Por tanto, podrían ser el primero, segundo, tercero y quinto. En este caso, conocer la situación actual hace que la información posible pase de 3 bits a 2 bits, por lo que la información efectiva de conocer el estado actual es solo de 1 bit —la diferencia entre ambas—.

Esto es evidente en redes tan sencillas como la propuesta. Sin embargo, empieza a complicarse si nuestra red puede dividirse en subredes más pequeñas. Por ejemplo, puede ocurrir que los cuatro nodos de un nuevo ejemplo no estén unidos bidireccionalmente entre ellos, sino que solo se relacionen A con B y C con D. Podría, en este caso, calcular la información efectiva de la red en su conjunto, o dividirla en dos subredes. En ambos casos, y según la división que hiciera, el cálculo de información efectiva sería distinta. Aquí es donde aparece la *información integrada*: después de calcular la información efectiva de todas las particiones posibles de la red inicial, elegiré aquella con menor valor de información efectiva, aunque distinta de cero. Esta es la información integrada: el mínimo valor de información efectiva después de sustraer la contribución de cada una de las partes de la red inicial. Esto es comprensible en redes *de juguete* como las que se proponen aquí, pero el grado de complejidad empieza a escalar peligrosamente cuando consideramos redes de diez o quince nodos. El cálculo de la información integrada en sistemas naturales, por tanto, es complejísimo.

En cualquier caso, este es el fundamento del formalismo: es, por así decir, la versión 1.0 de la teoría de la información integrada. A partir de aquí las cosas se complican, por lo que no se describirán tan al detalle. Se espera, al menos, que se capten los elementos fundamentales de la teoría.

IV

Demos un salto hasta la versión 3.0 de la teoría de la información integrada, presentada en un artículo en 2014. En él, Φ no es solo un número, sino toda una estructura. Comencemos, una vez más, con una red de tres nodos —A, B y C—, pero que ahora funcionan de manera algo distinta a la anterior: B sigue siendo una puerta lógica de tipo AND, pero A es una puerta OR, y C es del tipo XOR —OR exclusiva—. Eso significa que A tendrá el estado 0 solo cuando B y C también sean 0; en el resto de casos —(0,1), (1,0) o (1,1)—, A estará en estado 1. En otras palabras, siempre que al menos uno de los otros nodos esté «activo» —estado 1—, A también lo estará en el siguiente paso. La puerta XOR indica que el nodo en cuestión estará en estado 1 cuando los dos nodos de los cuales depende —en este caso, A y B— estén en estados distintos; si los dos están activos —1— o inactivos —0—, el nodo en cuestión estará en estado 0. En este sistema, un poco más complejo que el anterior, podría ser que cada nodo por separado, o cada pareja posible de nodos, estuviera aportando una cierta información integrada al conjunto de la información integrada de todo el sistema.

Si partimos del sistema (1,0,0), podríamos preguntarnos: ¿Cómo constriñe el estado A=1 al resto de subconjuntos del sistema? Una vez hechos todos los cálculos posibles, veríamos que, efectivamente, el estado actual de A constriñe de manera efectiva a la interacción entre B y C en un estado anterior (t-1); dicho de otra manera, la interacción entre B y C es responsable del —tiene un valor causal con respecto al— estado «activo» de A en este momento. Esto también puede llevarse hacia el futuro (t1): una vez hechos todos los cálculos, observamos que el estado actual de A=1 constriñe el estado futuro de B. ¿Por qué concluimos que el mayor efecto en el primer caso ocurre en la interacción entre B y C, y al mirar al futuro hablamos solo de B? Porque, en cada uno de los casos, hechos los cálculos matemáticos para cada una de las posibilidades, esas son las que ofrecen un mayor valor de información integrada. Cuando estos análisis se realizan de manera exhaustiva para todos los componentes de la red, se conoce la estructura de la información integrada de la misma, y se alcanzan los *conceptos*: dentro de esta teoría, concepto es un tecnicismo para designar a un mecanismo concreto, dentro de una red, que presenta información integrada él mismo. En este caso se designa como ϕ —*phi* minúscula—.

Ahora llega el truco final: una vez calculados todos los conceptos de una red y su información integrada asociada, tanto en el estado pasado como en el futuro, se elabora un diagrama que representa un *espacio abstracto de conceptos*. Este diagrama tiene tantos ejes como combinaciones de estados posibles —en el caso de la red de 3 nodos con 2 estados posibles cada uno, 2^3=8—, y en ellos se sitúan, como puntos en las coordenadas de un espacio cartesiano, los conceptos de la red. Este diagrama, según TONONI, es una representación isomórfica —es decir, uno a uno— de la experiencia consciente. Cada uno de los *conceptos* será un elemento de la experiencia —forma, color, dolor, etc.—. Para este investigador, un *quale* es la máxima estructura conceptual irreducible generada por una red en un estado concreto, «idéntica a la experiencia». Cumpliendo con sus axiomas, la forma de este espacio abstracto es única para cada experiencia.

Conviene detenerse en el desarrollo de la teoría, y profundizar en un aspecto que estaba en ella desde el principio: ¿cómo se miden las distancias entre funciones de probabilidad? Desde el primer ejemplo, con aquella red de tres nodos que actuaban como puertas AND, constreñíamos el estado del cual venía el sistema a partir del estado presente calculando la información efectiva. Esto significa que, una vez hechos los cálculos, una distribución de probabilidades era más adecuada con las debidas constricciones que si no las hubiera. Esto puede expresarse como una medida de la distancia que hay entre dos distribuciones de probabilidad, la constreñida y la que no tiene constricciones —o puramente aleatoria—. Resulta curioso cómo la teoría de la información integrada ha ido cambiando la métrica para medir esta distancia: en su versión 1.0 se usaba la divergencia Kullback-Leibler; en la 2.0, se seguía empleando la misma, y se ponía el énfasis en las formas que emergían en el espacio de *qualia*; en la 3.0 se usaba una medida denominada *Earth mover's distance*; y en la 4.0 se ha introducido la diferencia intrínseca. Tecnicismos aparte, llama la atención que esta métrica se vaya cambiando, pues por lo general produce resultados distintos en el cálculo final de la información integrada.

Hasta aquí lo relativo al formalismo. El lector ha podido hacerse una idea de lo computacionalmente intenso que es el proceso: incluso con una red sencilla, el cálculo de la información integrada final, Φ, supone la estimación de múltiples particiones y comparaciones, y medidas de distancia entre distribuciones de probabilidad. El equipo de Tononi ha desarrollado un programa informático que se ejecuta en el lenguaje *Python*, PyPhi, para ayudar a cualquier investigador a realizar los cálculos para el sistema que quiera investigar. Hoy día, rizando el rizo, se está empezando a proponer un formalismo para mecanismos cuánticos. Es decir: si las interacciones entre nodos no fueran como puertas lógicas, sino como procesos cuánticos, ¿podrían explicarse con esta teoría? Por sorprendente que parezca, si uno domina la teoría, es relativamente fácil de implementar: tan solo hay que cambiar las probabilidades por trazas de matrices, que sería la generalización de las probabilidades en el formalismo cuántico. El formalismo en sí no sufre grandes cambios, pero, si se comprobara que los mecanismos cuánticos realmente contribuyen a la información integrada, y por tanto, a la experiencia consciente, sí que sería un cambio de paradigma importante en el campo. Por el momento, Tononi y su equipo no muestran una clara opinión al respecto.

V

Siendo una teoría tan ambiciosa, y al mismo tiempo con un nivel de formalización tan complejo, la teoría de la información integrada ha recibido numerosas críticas de la comunidad académica, tanto científica como filosófica. En 2019, Adam PAUTZ, de la Universidad de Brown, planteó una serie de cuestiones acerca de la misma. La primera es poner de manifiesto la formalización y simplificación inicial de la teoría, que irónicamente puede pasar inadvertida: la consideración de las neuronas o las redes neuronales como puertas lógicas. Como veíamos en el capítulo anterior, la neurociencia computacional todavía es deudora de la *neurona artificial* diseñada por MCCULLOCH y PITTS, que modeliza lo que *en principio* parece esencial de la neurona. Pero, ¿cuál es la escala espaciotemporal adecuada para hacer esa simplificación? Para conocer la base científica de la conciencia, ¿debemos centrarnos en asambleas de neuronas, neuronas individuales, neurotransmisores o procesos cuánticos en los microtúbulos? TONONI responde que habría que calcular la información integrada en todas las escalas espaciotemporales, y en la que se obtenga el valor máximo será aquella que mejor explique la conciencia. Para empezar, esto es un problema técnico de grandes magnitudes; para terminar, ni siquiera está claro que el criterio sea el más adecuado para explicar la conciencia. A este respecto, nunca es inocente la traducción de un sistema analógico, que es el modo de funcionar del cerebro, a uno digital, que es el lenguaje de la teoría de la información integrada. ¿A partir de qué valor analógico de una señal debemos considerarla como un uno lógico?

Otra cuestión es de qué manera debemos entender las probabilidades en esta teoría. ¿Son probabilidades *reales*, porque el sistema está indeterminado, o están impuestas por nosotros, al no saber qué procesos físicos están participando en la conciencia? Si el cerebro fuera totalmente determinista, la información integrada sería cero, y no habría conciencia. ¿Son probabilidades cuánticas, propensiones o disposiciones? ¿Son probabilidades heurísticas, o con realidad metafísica? Esto apunta a un gran problema filosófico, que solo se toca tangencialmente en esta teoría. Por otro lado, esta teoría acaba haciendo una identificación peligrosa entre la conciencia, la información integrada máxima, y la máxima potencia causa-efecto —es decir, el cálculo en el que la causa anterior y el efecto posterior se diferencian e integran máximamente respecto de todas las posibles interacciones de la red inicial—. Cada uno de estos conceptos, de nuevo, tienen un gran peso en la historia de la filosofía, y no está claro que se puedan interpretar de forma tan sencilla. Conciencia, información y causalidad son términos que no se pueden tomar a la ligera y considerar como equivalentes.

Además, ¿en qué medida la información que estamos captando es intrínseca al sistema, y podemos estar seguros de que no está extrínsecamente seleccionada por nosotros? Dicho de otro modo, ¿cómo se relacionan los unos y ceros lógicos con los que estamos trabajando con el contenido de la experiencia? Nosotros no captamos unos y ceros, por lo que, si uno defiende esta teoría de la conciencia, tiene que haber algún tipo de relación, intrínseca o extrínseca, entre esos cálculos y el contenido de la experiencia. ¿Y, finalmente, cómo sabemos que hemos llegado al complejo máximo de información integrada del sistema, que es el objetivo de todos sus cálculos? Esto es el llamado «problema de la *intrinsicalidad* de la conciencia», que se explica brevemente a continuación.

Según es definido por los proponentes de esta teoría, «un sistema tiene un máximo de información integrada si tiene más información integrada (es decir, está más constreñido en virtud de su interconectividad interna) que cualquier otro sistema con el que pueda solapar, es decir, con cualquier otro sistema más pequeño que forma parte de él, o más grande del que él forma parte». ¿Qué problema surge aquí? Parece que el ser un máximo de información integrada es algo meramente extrínseco. Veámoslo con un ejemplo: de los alumnos de una clase, una persona será la más alta de todo el grupo. Sin embargo, el ser «la más alta» no es una propiedad intrínseca de esa persona, sino que es una característica extrínseca que tiene que ver con la comparación con los demás. Volviendo a la teoría, como tampoco hay un criterio claro sobre cuántos —ni siquiera qué— elementos incluir en el sistema estudiado, siempre podré añadir arbitrariamente nuevos elementos que hagan aumentar la información integrada del sistema. Por esto, la conciencia pasa a ser algo extrínseco, que depende de los elementos del sistema que el experimentador, de forma arbitraria, esté considerando. Siendo estricto con la teoría, se nos invitaría a hacer todos los cálculos posibles para descubrir qué sistema tiene el máximo de información integrada. Entonces, ¿por qué detenerme en el cerebro? ¿Por qué no seguir con el resto del cuerpo, con mi entorno, con aquellos que me rodean, o todo lo que veo? ¿Qué me impide extender los cálculos a todo el universo? Esto no solo no es práctico, sino que pone de manifiesto el carácter extrínseco de algo que debería ser fundamentalmente intrínseco.

Para solventar este problema, algún filósofo propone combinar la teoría de la información integrada con una base metafísica sólida como la explicación aristotélica de las cuatro causas. Sin pretender una explicación detallada, ni caer en excesivos tecnicismos de la filosofía clásica, la propuesta es que la causa formal serviría para determinar el conjunto de elementos candidato, es decir, la zona en la que voy a buscar la máxima información integrada. Esto sirve para justificar el acotamiento de los cálculos al individuo y su interacción directa con el entorno, así como la selección de procesos más sencillos —causas eficientes— que pueden participar en el proceso. Ahora sí, la combinación de la causa formal y las eficientes permitiría una delimitación menos arbitraria del espacio en el que realizar los cálculos.

Esta es una demostración más de cómo la investigación interdisciplinar es imprescindible para comprender los rasgos esenciales del ser humano, y cómo ciertas teorías filosóficas pueden tener una gran utilidad a pesar de haber sido formuladas hace casi veinticinco siglos.

CONCLUSIÓN

Para terminar, veamos cómo la comunidad científica está dividida en su recepción ante esta teoría. Hace unos años, el grupo de Marcello MASSIMINI, médico de la Universidad de Milán, propuso una llamativa aplicación práctica de la teoría de la información integrada, que permitía evaluar el grado de conciencia de los pacientes en distintas situaciones clínicas: en estado vegetativo, de mínima conciencia, otro grupo emergiendo de este estado, pacientes con síndrome de enclaustramiento, y participantes sanos. En estas situaciones, la medición de la información integrada es imposible, debido a la complejidad que se ha descrito anteriormente. La innovadora estrategia es realizar una perturbación cerebral con estimulación magnética transcraneal —una técnica no invasiva e indolora que envía una corriente magnética a una zona bien delimitada del cerebro—, esperar a que esa zona se relaje, y medir la complejidad de la respuesta con un método similar al de la información integrada. Todo este proceso culmina con el cálculo de un número, el índice de complejidad de la perturbación (PCI, por su denominación en inglés), que discrimina con un éxito aceptable entre los grupos mencionados anteriormente, y estaría altamente correlacionado con la información integrada real. Esto demuestra que la teoría, como poco, *tiene algo que ver* con la captación de la conciencia, al menos en una de sus definiciones.

En la otra cara de la moneda, un grupo de ciento cincuenta científicos firmó en septiembre de 2023 una carta abierta tildando a esta teoría de «pseudocientífica», y criticando la importancia que se le daba en el ámbito académico. Entre los firmantes se encontraban científicos de prestigio internacional, pero también llamaba la atención la ausencia de otros a los que, sin lugar a dudas, se les había ofrecido firmar. El principal motivo de la carta era el enojo porque la teoría de la información integrada fuera presentada como «una teoría de la conciencia líder y empíricamente probada», tanto en los medios de comunicación como en las principales revistas científicas —*Nature* y *Science*—. El malestar de los firmantes se basaba en que estos gritos de júbilo eran el eco de una reunión científica donde se habían presentado resultados preliminares, todavía pendientes del famoso proceso científico de la revisión por pares. Acusan a la teoría de pampsiquista —es decir, atribuye conciencia a todos los elementos del universo, algo que Tononi nunca ha negado—, y afirman que «hasta que la teoría en su conjunto sea empíricamente demostrable, y no solo algunos componentes accesorios escogidos a dedo y compartidos de forma trivial con otras teorías, o que se saben ya ciertos, creemos que habría que mantener la etiqueta de pseudocientífica». Por el momento, la carta no aclara cuáles de los presupuestos o los procedimientos de la teoría quedan fuera de la ciencia; es más, para ser justos, en qué medida esta teoría es deficitaria en esos aspectos con respecto a otras, como la del espacio neuronal global explicada en el capítulo anterior. Por cierto: el texto tiene el formato de una carta al director, y ha sido publicada en un repositorio público, por lo que tampoco ha pasado por el proceso de revisión por pares. En su último borrador, los autores informan de que se está expandiendo y mejorando su argumentación, adquiriendo la consistencia de un artículo científico.

A esperas de analizar esa crítica más profunda, sorprende que se tache de pseudocientífica a una teoría con una formalización matemática tan clara, y que abiertamente se considera en un proceso iterativo de mejora. Sus presupuestos, el concepto de conciencia del cual parte, y sus consecuencias, pueden ser criticables, pero siempre dentro del espíritu de colaboración que debería mover a la investigación científica, en aras de conseguir su principal objetivo: el crecimiento del saber humano.

LECTURAS RECOMENDADAS

Albantakis, Larissa; Prentner, Robert; Durham, Ian, «Computing the Integrated Information of a Quantum Mechanism», *Entropy* 25(3): 449, 2023.

Albantakis, Larissa, *et al.*, «Integrated information theory (IIT) 4.0: Formulating the properties of phenomenal existence in physical terms», *PLoS Computational Biology* 19(10): e1011465, 2023.

Casali, Adenauer, *et al.*, «A theoretically based index of consciousness independent of sensory processing and behavior», *Science Translational Medicine* 5(198): 198ra105, 2013.

Edelman, Gerald; Tononi, Giulio, *El universo de la conciencia: cómo la materia se convierte en imaginación*, Barcelona, Crítica, 2002.

Oizumi, Masafumi; Albantakis, Larissa; Tononi, Giulio, «From the phenomenology to the mechanisms of consciousness: Integrated Information Theory 3.0», *PLoS Computational Biology* 10(5): e1993588, 2014.

PAUTZ, Adam, «What is the integrated information theory of consciousness?», *Journal of Consciousness Studies* 26(1-2): 1-2, 2019.

SÁNCHEZ-CAÑIZARES, Javier, «Formal Causation in Integrated Information Theory: An Answer to the Intrinsicality Problem», *Foundations of Science* 27: 77-94, 2022.

TEGMARK, Max, *Vida 3.0. Qué significa ser humano en la era de la inteligencia artificial*, Madrid, Taurus, 2017.

TONONI, Giulio, «An information integration theory of consciousness», *BMC Neuroscience* 2: 5: 42, 2004.

TONONI, Giulio; CIRELLI, Chiara, «Sleep and synaptic homeostasis: a hypothesis», *Brain Research Bulletin* 62(2): 143-150, 2003.

CAPÍTULO 7

EL MODELO DE GEORG NORTHOFF. LA TEORÍA TEMPOROESPACIAL DE LA CONCIENCIA

JAVIER GOMEZ-PILAR

Interdisciplinariedad para una mirada temporoespacial. La expansión y el contenido de la conciencia. La globalización y el acceso. El alineamiento como indicador de la estructura. El anidamiento y los niveles de conciencia.

I

Georg NORTHOFF (1963) nació en Hamburgo, y ha desarrollado su carrera investigadora en la Universidad de Ottawa (Canadá) en los últimos quince años. Su perfil no es nada común, ya que tiene formación reglada en neurociencia, filosofía y psiquiatría. Oyéndole hablar o leyendo sus libros, uno se da cuenta de que NORTHOFF no se divide en tercios entre estas disciplinas, sino que es *cien por cien* cada una de ellas. Según explica en una breve nota biográfica, publicada en *Journal of NeuroPhilosophy*, desde muy joven se interesó por la filosofía, pero siempre tuvo claro que no la estudiaría ajena a las ciencias. El problema que siempre ha movido su inquietud investigadora es la subjetividad como rasgo esencial de la mente, algo que, para muchos autores, es sinónimo de la conciencia. Como en su juventud todavía no había programas de neurociencia, la única manera de formarse convenientemente en el sistema nervioso era estudiando medicina, por lo que compatibilizó los estudios filosóficos con los médicos. Al concluir la licenciatura y llegar el momento de la especialidad, no dudó en dedicarse a la psiquiatría pues, una vez más, le parecía el mejor camino para seguir profundizando en el estudio de la mente. Las primeras aplicaciones de la resonancia magnética funcional al estudio de la cognición humana le parecieron fascinantes; así pues, durante su residencia, aprendió también los misterios que encerraba esa máquina que, por primera vez, permitía ver con detalle la anatomía humana en personas vivas y relacionar la función del cerebro con la actividad mental del ser humano.

Esta triple formación, en opinión del propio NORTHOFF, es el único camino posible para poder comprender la relación entre la mente y el cerebro. Desde un punto de vista empírico, no podrá avanzarse en la comprensión del cerebro si no se desarrolla un modelo que dé cuenta de esta relación entre lo material —el sistema nervioso— y lo subjetivo. Desde el punto de vista teórico, cualquier modelo tiene que estar basado en los datos que tenemos. Su aspiración es que, al igual que la física parte de los modelos teóricos para entender los resultados aplicados, la neurociencia llegue a entender el funcionamiento del cerebro a partir de un modelo teórico formulado por la filosofía, la neurociencia y la psiquiatría. Él considera a este abordaje como *neurofilosofía no reductiva*, para marcar las diferencias con la neurofilosofía propuesta décadas antes por el matrimonio CHURCHLAND, que desemboca abiertamente en el eliminativismo materialista: la postura filosófica de que lo único existente es el cerebro, y la actividad mental es un mero subproducto del mismo. Por tanto, para los CHURCHLAND y sus seguidores, el estudio del cerebro basta para entender esa actividad mental que expele, como si se tratara del humo que sale por el tubo de escape de un coche. La postura de NORTHOFF, como es obvio, se toma en serio la actividad mental, y establece como punto de partida el *modelo temporoespacial* para el estudio combinado de la mente y el cerebro.

Este modo de entender el sistema nervioso supone que tanto este como la mente tienen una *divisa común*, que son las dinámicas temporales y la topografía espacial. En otras palabras, el tiempo y el espacio. En este punto, la inspiración filosófica de NORTHOFF es claramente kantiana, pues asume que la anatomía y dinámica temporal de nuestro cerebro da forma al espacio y el tiempo tal y como los experimentamos mentalmente. Por esto, espacio y tiempo son la *divisa común* de cerebro y mente. Dicho así, el planteamiento parece *neuroconstructivista*, y no alejado del de los CHURCHLAND: el cerebro parece construir la realidad a través de estas dinámicas temporoespaciales. Para no caer en este error, NORTHOFF habla, por encima de todo, del problema mundo-cerebro, que se refiere a la manera en la que los eventos del entorno afectan tanto a nuestra actividad mental como a la cerebral. Deja clara desde el principio la vocación ecológica y la retroalimentación entre cerebro, mente y mundo: las dinámicas temporoespaciales de todos ellos se encuentran vinculadas.

Según NORTHOFF, la mayoría de teorías neurocientíficas de la conciencia se centran en estudiar la mínima activación neural suficiente para un contenido determinado de la conciencia. Otras pocas intentan explicarla a partir de la actividad espontánea del cerebro, sin tratar de hallar una relación con las primeras. La teoría temporoespacial de la conciencia parte de las propiedades temporales y espaciales propias del cerebro que, según él, explican tanto la actividad espontánea como la que deriva de la percepción consciente de un estímulo. Por ello, la considera unificadora entre ambas perspectivas. El motivo de comenzar con estas dinámicas espontáneas es que suponen el 95 por 100 de la actividad cerebral, mientras que solo el 5 por 100 restante corresponde a la actividad en respuesta a estímulos. Más que escudriñar la actividad cerebral evocada por estos estímulos, pone el foco en cómo estos interactúan con la actividad cerebral espontánea, que engloba tanto la actividad «en reposo» como la que precede inmediatamente a la llegada de esos eventos exteriores.

Esta introducción pretende presentar la visión única de NORTHOFF y su modo de acometer la relación entre la actividad mental, la cerebral, y el mundo en el que se desenvuelve el sujeto. A partir de aquí, nos centraremos en los cuatro rasgos de la conciencia que trata de medir esta teoría, junto con los análisis concretos de la señal cerebral que se llevan a cabo, procedentes tanto de resonancia magnética funcional como de electroencefalografía.

II

Hay cuatro mecanismos neurales que explican esta interacción entre mundo, conciencia y cerebro. El primero es la *expansión*, que permitiría explicar el contenido de la conciencia. El segundo es la *globalización*, que se referiría a la conciencia de acceso, tal y como la explicábamos en la teoría del espacio de trabajo de BAARS. En tercer lugar, el *alineamiento* daría cuenta de la forma o estructura de la conciencia, entendida al modo de la psicología gestáltica: la discriminación de una forma en relación al fondo específico o contexto. Finalmente, el *anidamiento* explicaría el nivel o estado de conciencia —p. ej., vigilia, sedación leve, anestesia general, etc.—.

Comencemos por la *expansión*, y en qué medida explica el contenido de la conciencia. NORTHOFF suele emplear la metáfora del iceberg para hablar de ella: la parte visible por encima de la superficie del agua sería la actividad mental relacionada con los estímulos de la tarea en cuestión que estamos planteando a nuestros voluntarios; el gran macizo que queda sumergido sería la actividad espontánea del cerebro, que precede a la relacionada con los estímulos y, más aún, contribuye a configurarla. Así, la *expansión temporoespacial* es la interacción entre la actividad antes y después del estímulo, lo cual permite asignar contenidos a la conciencia. Según una visión más «tradicional» de la actividad cerebral, la actividad posterior al estímulo se suma a la actividad espontánea que lo precede: es una superposición lineal y, como tal, una ausencia de interacción en sentido fuerte. Dicho llanamente, el cerebro se encuentra con su propio patrón de actividad, y, al llegar el estímulo, la nueva actividad como consecuencia del mismo se superpone a la anterior. Sin embargo, hay evidencias por parte de otros grupos de investigación de que la actividad de base de un área cerebral concreta afecta a la percepción. En concreto, empleando el típico ejemplo de una imagen que puede representar dos cosas distintas —una copa o dos rostros mirándose, por ejemplo—, vieron que una alta activación en el giro fusiforme de la corteza cerebral *antes* del estímulo aumentaba la probabilidad de que los voluntarios vieran dos caras, en vez de una copa. Esto es especialmente relevante si se tiene en cuenta que el giro fusiforme se relaciona de forma muy concreta con el reconocimiento de rostros.

Además, si la «teoría aditiva» —la visión tradicional— fuera cierta, la varianza después del estímulo debería ser mayor, porque se sumaría la correspondiente a la actividad espontánea y aquella en respuesta al estímulo, por la ley de la varianza total. Sin embargo, NORTHOFF y su equipo comprobaron que se da una disminución de la varianza, cuantificada mediante la medida de *variabilidad de evento a evento —trial-to-trial variability—*. Vieron también que esta interacción era notable, porque dependiendo de cómo fuera la varianza antes del estímulo, así resultaba la variabilidad de evento a evento después del mismo: si la primera era alta, la segunda tendía a ser baja, y viceversa. Queda por apuntalar la relación entre esta dinámica cerebral y los contenidos de la conciencia, pero hay pruebas que apuntan a ello. Por ejemplo, el grupo de DEHAENE demostró que la actividad cortical se vuelve más estable —menos varianza— cuando los estímulos son captados conscientemente. O, dicho de otra manera, la percepción consciente de estímulos era más probable cuando se reducía la variabilidad de evento a evento.

¿Cómo caracterizamos esto de manera concreta con los datos de actividad cerebral en la mano? Pongamos por caso que queremos estudiar la respuesta eléctrica cerebral a un estímulo externo, lo que se conoce en neurología como un potencial evocado. Iremos presentando el estímulo repetidas veces, mientras registramos la señal, y después segmentaremos esta en los fragmentos que correspondan a las *ventanas temporales* que rodean al estímulo. Con estos trocitos, hacemos la media y vemos cómo responde el cerebro de los participantes ante la presentación de dicho estímulo visual. Para construir la variabilidad de evento a evento el proceso es idéntico, pero, en vez de sacar la media, calculamos la desviación estándar. Por tanto, ya no resulta en un potencial evocado, sino en un gráfico de variabilidad de evento a evento. Los valores se normalizan con respecto a la variabilidad en el momento de presentar el estímulo: es decir, se toma este valor como si fuera cero. Al hacer esto, los valores positivos indican una variabilidad mayor que la que había al mostrar el estímulo, y los negativos una disminución en la variabilidad. Esto implica que el valor inicial —que hemos convertido en cero— es el último valor correspondiente a la actividad intrínseca del cerebro, porque todavía no hemos presentado el estímulo; a partir de aquí, suban o bajen los valores, será debido al impacto que ha tenido el estímulo sobre el cerebro. Lo habitual es ver una disminución en todas las bandas de frecuencia, indicando que no hay un simple sumatorio, sino una interacción no lineal —o no aditiva— en sentido fuerte.

En conclusión, la dinámica cerebral de la expansión se refiere a que la actividad espontánea del cerebro se transfiere o expande al modo en que responde cuando llega un estímulo. La actividad cerebral después del mismo viene predispuesta por la dinámica previa, y esto depende de la experiencia consciente. Por tanto, aunque este mecanismo no informa del contenido en sí de la conciencia, parece ser un buen indicador de una causa necesaria para que el contenido, sea el que sea, aparezca en la conciencia.

III

El segundo mecanismo cerebral que se relaciona con un aspecto de la conciencia es la *globalización*, que informa acerca del acceso consciente. Este se ha estudiado fundamentalmente con la resonancia magnética funcional. Partiendo del concepto de expansión visto en el anterior apartado, la globalización permite que el contenido de la conciencia sea accesible por otras capacidades cognitivas, tales como el razonamiento, el habla, la conducta, la reflexión, etc. De esta manera, si la expansión permitía estudiar la interacción entre las dinámicas cerebrales antes y después de un estímulo, la globalización versa sobre la interacción entre la mera percepción sensorial de un estímulo y el tratamiento de este por otras facultades mentales, como las ya citadas. Esta sería la descripción mental del proceso. Desde el punto de vista cerebral, supone el reclutamiento de varias regiones cerebrales y frecuencias de actividad para poder manejar un estímulo de manera consciente; por ello, estamos hablando de la conciencia de acceso. Como ocurría con la expansión, NORTHOFF recuerda que el estímulo no *causa* estas dinámicas cerebrales, como si produjeran algo nuevo, sino que el cerebro está predispuesto a responder de cierta manera, y el estímulo acentúa esta disposición previa. Por este motivo, considera a la globalización como las *consecuencias neurales de la conciencia*, es decir, aquellas condiciones neurales que permiten el acceso cognitivo a los contenidos conscientes.

Este mecanismo se captura por un tipo de análisis de los datos de la resonancia magnética funcional llamado *señal global*. Técnicamente es sencilla de calcular, pues es la media de la señal captada por el escáner en todas las regiones cerebrales con sustancia gris —aquella que contiene los cuerpos neuronales, excluyendo las fibras o sustancia blanca, y los ventrículos llenos de líquido cefalorraquídeo—. Curiosamente, hasta los estudios de NORTHOFF, se consideraba que esta señal era ruido no neuronal, correspondiente al latido cardíaco, la respiración o la circulación sanguínea, y que, por tanto, no tenía ningún interés para el neurocientífico. El alemán y su equipo proponen que el origen de esta señal puede ser la interacción entre la corteza cerebral y otras regiones subcorticales, sobre todo del tronco del encéfalo, gracias a las medidas simultáneas de resonancia magnética y electrofisiología. El modo más común de emplear esta señal global es calcular su correlación —en cierto sentido, un índice de similitud— con la actividad que muestra cada región del cerebro, dando lugar a una topografía característica en participantes sanos, que aparece alterada en enfermedades mentales —manía, depresión y esquizofrenia, por ejemplo—. La teoría temporoespacial de la conciencia sugiere que esta señal global está implicada en el nivel de excitación —el famoso *arousal* en inglés— y en diversas funciones cognitivas. Como describió el grupo de NORTHOFF en 2020, esta señal disminuye en estados de conciencia atenuados, tales como el sueño, la anestesia o el coma, tantos en seres humanos como en ratas.

IV

El tercer mecanismo es la *alineación temporoespacial*, que da cuenta de la estructura de la conciencia. Gracias a esta característica, cuando experimentamos algo concreto —nuestros ejemplos normalmente se refieren a estímulos visuales, pero valdrían también los auditivos o pertenecientes a cualquier otro sentido—, lo percibido siempre entra en contaste con un fondo o contexto, que es captado de manera consciente, preconsciente o subliminalmente. Esto es similar a lo que capturaba la teoría de la información integrada, de TONONI, al crear los gráficos de constelaciones de rasgos: unos describen el contexto, y otros el contenido. ¿Cómo se realiza esto en el cerebro? Para NORTHOFF, las dinámicas temporoespaciales de este órgano se adaptan o alinean con los estímulos externos que dan forma al contexto. Esto se puede medir con las *escalas neuronales intrínsecas*, y, en concreto, como veremos más adelante, con las ventanas de autocorrelación, que es una medida que permite encontrar patrones repetidos en una señal cerebral extendida en el tiempo. Así, fundamentalmente mide patrones temporales. Sin embargo, se ha visto que esta estructura temporal también tiene una topografía bien demarcada en el cerebro: las escalas neuronales intrínsecas son más cortas en áreas sensoriales unimodales del cerebro —es decir, que se refieren a un único sentido: tacto, vista, oído, olfato o gusto—, mientras que aquellas zonas relacionadas con la integración de distintas modalidades tienen escalas intrínsecas más largas.

Varios estudios, tanto del grupo de NORTHOFF como de otros, han visto que estas escalas están anormalmente alargadas en sujetos sedados con propofol, y también comparativamente en estados de conciencia tales como sueño, anestesia, estado vegetativo y síndrome de enclaustramiento. En todos estos casos había escalas neuronales intrínsecas más alargadas; sin embargo, en situaciones patológicas en las que hay un déficit motor, pero no en el procesamiento de estímulos, como la esclerosis lateral amiotrófica, las escalas intrínsecas aparecen intactas. Finalmente, se ha observado que no solo la longitud de las escalas es importante para la correcta percepción consciente de estímulos, sino también el repertorio de escalas distribuidas topográficamente en el cerebro. En otras palabras, y llevando las cosas al extremo, si todo nuestro cerebro tuviera escalas intrínsecas con una longitud determinada, no seríamos capaces de percibir correctamente los estímulos, sino que quedarían difuminados en el fondo o contexto en el que se encuentran. En condiciones normales, como se ha dicho anteriormente, las áreas sensoriales unimodales tienen escalas más cortas, y estas se alargan en otras regiones: este repertorio variado de escalas neuronales intrínsecas permite una correcta estructura de la experiencia consciente.

Una medida concreta de las escalas neuronales intrínsecas es la *ventana de autocorrelación*. Una función de autocorrelación es una medida de similitud de una señal consigo misma. Supongamos que tenemos una señal plana, que en cierto momento experimenta un pico. Para hacer la función de autocorrelación, duplicaríamos esa señal y haríamos recorrer el duplicado por toda la extensión de la original: en aquellos puntos en los que el pico de la señal duplicada recorre la parte plana de la señal original, la autocorrelación será cero. Sin embargo, cuando el pico de una comienza a alcanzar el de la otra, el valor de autocorrelación irá subiendo, ya que este es un indicador del área de solapamiento. En el punto exacto en el que los dos picos solapen, la autocorrelación será máxima, pues el área común será exactamente igual al del pico de la señal original; después de ello, el área solapada irá disminuyendo y terminará por volver a ser cero.

Llevando esto a la práctica en el estudio de la conciencia, el grupo de NORTHOFF estudió esta función de autocorrelación en referencia al sentido del yo que tenían los participantes incluidos en el estudio, medido con un cuestionario psicológico. Los investigadores vieron que aquellos voluntarios con valores mayores de autocorrelación en su señal cerebral tendían a tener valores más altos en el cuestionario sobre el sentido del yo. Como veíamos anteriormente, la medida de autocorrelación está alterada en sueño, anestesia y coma, aunque no en otras condiciones con afectación motora pero no sensitiva, como la esclerosis lateral amiotrófica.

Para terminar de entender, al menos someramente, la relación de estas medidas con la estructura de la conciencia, recurramos a un ejemplo del propio NORTHOFF: la observación del crecimiento de una planta. Si nos quedamos mirando fijamente a un vegetal para ver su crecimiento, por mucho tiempo que pasemos delante de él, no seremos capaces de *percibir* el crecimiento. Desde el punto de vista de la teoría temporoespacial de la conciencia, esto es debido a que no tenemos escalas intrínsecas tan largas como para percibirlo: solo estamos capacitados para captar cambios en una escala temporal que pueda *alinearse* con las de nuestros cerebros.

V

Finalmente, el *anidamiento temporoespacial* es un indicador del nivel o estado de conciencia. Un anidamiento, como término técnico, pero con carácter general, es la presencia de patrones dentro de otros patrones, al modo de las muñecas rusas. En el mundo del análisis de señales, es habitual que estas estén anidadas, y aparezcan patrones de frecuencias dentro de otras frecuencias. Llegando a la neurociencia, supone que el patrón de actividad de distintas regiones del cerebro no transcurre en paralelo, desconectadas, o con una relación causal sin zonas de solapamiento, sino que las escalas temporales y espaciales están contenidas unas dentro de otras. Si volvemos a las muñecas rusas, la más pequeña encaja en la que es inmediatamente más grande, precisamente por su diferencia de tamaño; sin embargo, la forma de ambas es idéntica, aunque a una escala distinta. En el cerebro, unas regiones anatómicas tienen unas frecuencias más altas, y están anidadas en frecuencias un poco más bajas de otras regiones cerebrales.

Para entender el anidamiento desde el punto de vista temporal, recordemos que la actividad eléctrica del cerebro se puede clasificar en ondas de distinta frecuencia: las de mayor frecuencia —ondas con más picos por segundo, como las gamma— tienen una potencia menor —ya que la potencia, que indica la energía de la onda por unidad de tiempo, es proporcional a la amplitud de la onda—, mientras que las ondas más lentas —como las delta, de menor frecuencia—, tienen mayor potencia. Esto implica que las ondas de frecuencia más alta están contenidas o anidadas en las de frecuencia más baja. Esta relación se cuantifica con una medida, el *exponente de la ley de potencia*, que, una vez más, tiene ciertos valores en estados de vigilia normal, y se ve alterado en sedación y anestesia. De aquí se deduce la relación entre este mecanismo y el nivel o estado de conciencia.

Profundicemos mínimamente en este exponente de la ley de potencia. Teniendo un registro de electroencefalografía, tomaríamos la señal inicial —que muestra el voltaje a lo largo del tiempo— y calcularíamos el dominio de las frecuencias, que es un gráfico que representa la potencia en el eje Y, y la frecuencia en el eje X. Como se ha comentado, lo habitual en este tipo de gráficos es tener uno o dos picos de potencia a frecuencias bajas —ondas más lentas—, mientras que los valores de potencia son próximos a cero en frecuencias altas —ondas más rápidas—. A continuación, se transforman estos valores a la escala logarítmica, obteniendo una línea casi recta, oblicua y decreciente, de manera que valores bajos del logaritmo de la frecuencia corresponden con valores altos del logaritmo de la potencia, y viceversa. Una mayor pendiente descendente corresponde a un mayor exponente de la ley de potencia y a un mayor anidamiento, mientras que una recta con menor pendiente indica valores menores de este exponente y un menor anidamiento: las frecuencias lentas serían igual de débiles que las rápidas.

Aterrizando esto en el cerebro, y para ver su relación con el nivel de conciencia, el grupo de NORTHOFF vio en un estudio con resonancia magnética funcional cómo en participantes conscientes sin ningún tipo de alteración había un patrón muy definido de la *señal global*, mencionada anteriormente, que seguía un anidamiento espacial: ciertas regiones tenían una señal más alta, otras un poco más baja, en otras iban disminuyendo, hasta cubrir todos los niveles del espectro con una definición anatómica relativamente precisa. Sin embargo, en sedación esta organización iba desapareciendo, y quedaba casi anulada en anestesia general: casi todas las regiones del cerebro tenían una señal global de valores medios. Con respecto al anidamiento temporal, en otro estudio de electroencefalografía comprobaron cómo el exponente de la ley de potencia se hacía más pronunciada en sedación con respecto a cómo era en vigilia. Todavía más impactante, la pendiente desaparecía completamente en anestesia general: la señal eléctrica del cerebro se había convertido en «ruido blanco».

Por este motivo, desde su conceptualización hasta su implementación técnica, la teoría temporoespacial de la conciencia sugiere que el anidamiento es un indicador de los niveles o estados de conciencia.

CONCLUSIÓN

En conclusión, la teoría temporoespacial de la conciencia tiene el mérito de ser una propuesta teórica, sustentada en la reflexión filosófica y alimentada por datos neurobiológicos, que aporta una metodología científica para comprobar algunos aspectos de la misma. Como novedad con respecto a las anteriores, da una especial importancia a la actividad espontánea del cerebro. En cierto momento de la investigación en neurociencia, alrededor de la primera década del siglo XXI, esta actividad espontánea era considerada como el *estado de reposo* del cerebro. Esta denominación era confusa, pues el cerebro no descansa nunca, sino que tiene sus dinámicas intrínsecas que, en cierto momento, son alteradas por estímulos externos. Este, a nivel cerebral, es el elemento más importante para la teoría de NORTHOFF.

Siendo así, podemos entender la teoría temporoespacial de la conciencia como un modelo que trata de explicar *los cambios* en la experiencia consciente. Recordando los argumentos presentados por Juan ARANA sobre la imposibilidad de explicar la conciencia, parece que NORTHOFF asume estos problemas inabordables, y los trata no de manera absoluta, sino relativa. Así, la expansión no describe los contenidos de la conciencia, sino que explica qué cambia en nuestro cerebro cuando un estímulo se hace consciente; la globalización muestra cómo se dispone el sistema nervioso para poder explicar los contenidos que ya están en la conciencia; el alineamiento no muestra el estímulo consciente frente al contexto en el que se encuentra, pero es un posible mecanismo explicativo de cómo podemos ser capaces de distinguir uno sobre otro; y, finalmente, el anidamiento es un indicador de estados de conciencia alterados, que quizá pueda tener una aplicación clínica en algún momento.

Aunque todavía esté en proceso de mejora, como todos los anteriores, es un modelo prometedor para el estudio de ciertos aspectos relacionados con la conciencia, y su relación con ciertos procesos cerebrales.

LECTURAS RECOMENDADAS

CHIS-CIURE, Robert; MELLONI, Lucia; NORTHOFF, Georg, «A measure centrality index for systematic empirical comparison of consciousness theories», *Neuroscience & Biobehavioral Reviews*, 161: 105670, 2024.

GOLESORKHI, Mehrshad; GOMEZ-PILAR; Javier, TUMATI, Shankar; FRASER, Maia; NORTHOFF, Georg, «Temporal hierarchy of intrinsic neural timescales converges with spatial core-periphery organization», *Communications Biology* 4(1): 277, 2021.

HUANG, Zirui, *et al.*, «Is There a Nonadditive Interaction Between Spontaneous and Evoked Activity? Phase-Dependence and Its Relation to the Temporal Structure of Scale-Free Brain Activity», *Cerebral Cortex* 27(2): 1037-1059.

NORTHOFF, Georg, *The spontaneous brain. From the mind-body to the world-brain problem*, Harvard, MIT Press, 2018.

— «My way to Non-reductive Neurophilosophy: Georg NORTHOFF», *Journal of Neuro-Philosophy* 1(2), 2022.

— *Neurowaves: Brain, Time and Consciousness*, Montreal, McGill-Queen's University Press, 2023.

— *From brain dynamics to the mind. Spatiotemporal neuroscience*, London, Academic Press, 2024.

NORTHOFF, Georg; ZILIO, Federico, «Temporo-spatial Theory of Consciousness (TTC) - Bridging the gap of neuronal activity and phenomenal states», *Behavioral Brain Research* 424: 113788, 2022.

NORTHOFF, Georg; WAINIO-THEBERGE, Soren, EVERS, Kathinka, «Is temporo-spatial dynamics the "common currency" of brain and mind? In Quest of "Spatiotemporal Neuroscience"», *Physics of Life Reviews* 33: 34-54, 2020.

TANABE, Sean, *et al.*, «Altered Global Brain Signal during Physiologic, Pharmacologic, and Pathologic States of Unconsciousness in Humans and Rats», *Anesthesiology* 132(6): 1392-1406, 2020.

WOLFF, Annemarie, *et al.*, «Intrinsic neural timescales: temporal integration and segregation», *Trends in Cognitive Sciences* 26(2): 159-173, 2022.

CAPÍTULO 8

EL CEREBRO PREDICTIVO. LA POSIBILIDAD DE UN ESPACIO DE TRABAJO LÍMBICO

LORENA CHANES

La objetividad como anhelo. Las reglas del juego. Paradigmas experimentales. Incluyendo la emoción en la ecuación. El espacio de trabajo global límbico. Plasticidad y vulnerabilidad.

I

Aunque deberíamos remontarnos al siglo XIX para encontrar sus orígenes conceptuales, la teoría del funcionamiento cerebral como *generación de expectativas* empezó a tener importancia a finales del siglo XX y comienzos del actual. Obsérvese que hemos comenzado hablando de «funcionamiento cerebral», ya que esta aproximación a la conciencia se encuentra íntimamente relacionada con el modo en el que se concibe el dinamismo de este órgano. Sea como fuere, el modelo del procesamiento predictivo propone la constitución, a través del desarrollo del organismo, de una arquitectura donde la sensibilidad es recogida en el contexto de unas expectativas, en vez de causar una impresión en una *tabula rasa*. Esos estímulos sensibles, al mismo tiempo, pueden modificar la estructura de expectativas para refinarlas la próxima vez que un estímulo similar entre en el campo perceptivo del organismo. Este, por tanto, es entendido como un sistema abierto en interacción con el medio, donde trata de minimizarse la diferencia entre las expectativas y la información sensorial.

Este capítulo narra el recorrido personal de la profesora e investigadora Lorena CHANES (1984) en su contribución a este modelo de la conciencia. Como punto de partida, el abordaje científico de la conciencia es útil para aumentar nuestro conocimiento sobre el ser humano. Es un paso necesario, aunque en ningún caso suficiente, pues tanto las ciencias como las humanidades dan pinceladas para conocer la realidad del ser humano, sin aspirar a desvelar todos sus misterios. Más aún, no solo deberíamos recurrir a la neurociencia, la filosofía, la psicología, la física o las matemáticas, sino también al arte y la literatura para conocer este importante aspecto del ser humano.

En la ciencia, la objetividad es un anhelo más que un hecho, y por ello se debe conocer el contexto histórico e intelectual en el que se construyen las teorías. En este caso, el recorrido de Chanes comienza con el Grado de Física, realizado en la Universidad de Barcelona, e incluyendo un último año en París. Allí tuvo un primer contacto con la física médica, en el que conoció por primera vez el territorio de solapamiento entre disciplinas, que continuó con un máster en la Complutense de Madrid donde comenzó a estudiar el cerebro. De nuevo de vuelta en París, realizó otro máster más específico en neurociencia y psicología, y comenzó el doctorado en estos temas. En esos años, la teoría de la conciencia de Dehaene (1965) estaba en boca de todos en París, y Chanes se especializó en atención y percepción consciente. Las conferencias de Dehaene le sirvieron no solo para conocer el modelo del espacio de trabajo global, sino, de modo más general, para plantearse la necesidad del abordaje científico de la conciencia. Durante el doctorado, realizó una estancia de dos años en Harvard donde trabajó con pacientes para estudiar el componente afectivo del dolor, ejemplo paradigmático de la experiencia subjetiva. Continuó con su investigación posdoctoral en Boston para seguir tratando la interocepción y la emoción, como nuevos elementos de la cuestión de fondo que le interesaba: cómo surge la experiencia subjetiva.

Para situar el marco del problema y la importancia de las cuestiones que tratamos de entender, podemos partir del siguiente ejemplo: la primera vez que un bebé ve la lluvia en brazos de su madre. Los estímulos visuales que impactan en la retina son los mismos para ambos; así pues, ¿es igual la experiencia subjetiva de madre e hijo? ¿Afectan de la misma manera esos estímulos visuales al cerebro de uno y otra? ¿Eran madre e hijo conscientes de la misma manera del fenómeno atmosférico que estaban presenciando? Si respondemos negativamente y abogamos por algún tipo de diferencia entre los dos espectadores de la escena, tendremos que asumir que esta debe proceder de la historia vital de cada uno. ¿Cómo podemos abordar el estudio científico de la conciencia desde este punto de vista?

II

Ante todo, se deben explicitar una serie de presupuestos que nos permitan el mejor abordaje científico posible. Para empezar, hay que fijar tres reglas del juego: la primera es definir bien los términos, de manera operativa —ya que nos movemos en los dominios de la ciencia experimental—, y tomarse las definiciones en serio; la segunda es dar con diseños adecuados para nuestro abordaje científico, que permitan situaciones de mínimo contraste, como diferenciar estados de consciencia o no consciencia; por último, tendremos que asumir que la introspección es una fuente legítima de información, algo que se perdió durante buena parte del siglo XX, pero después se fue recuperando. Demos algo más de contenido a cada una de estas reglas.

Con respecto a las definiciones, conviene distinguir entre estado de conciencia y contenido de la misma. La primera aproximación es intransitiva, y se refiere al nivel de conciencia, de vigilia o excitación que tenga un sujeto. La segunda, el contenido de la conciencia —*awareness* en inglés—, hace referencia a aquello de lo que es consciente el sujeto, por lo que es una aproximación transitiva. Como ilustra Steven LAUREYS (1968) y sus colaboradores, el estado de conciencia se relaciona positivamente con el contenido en la misma, de manera que, por ejemplo, una persona en coma o bajo anestesia general tendría un bajo contenido de conciencia, y una persona despierta y activa tendría en general un elevado contenido, aunque esta relación puede perderse en algunos casos —p. ej., el estado vegetativo, en el que el contenido parecería estar disminuido a pesar de que la persona muestre momentos de vigilia—. En este capítulo, para fijar los conceptos, nos centraremos en la aproximación transitiva, en la capacidad del ser humano de ser consciente *de algo*. Un segundo aspecto importante es fijar un criterio claro para determinar cuándo hay un contenido consciente. A este respecto, puede utilizarse el de la comunicabilidad, es decir, asumir que una persona es consciente de un estímulo cuando es capaz de comunicar haberlo percibido. Es una aproximación sencilla, quizá demasiado, pero que al menos permite evaluar este aspecto de manera muy clara.

Acerca de los diseños adecuados para estudiar la conciencia, los investigadores han ido desarrollando experimentos con los que podemos evaluar los contenidos de la misma. Por ejemplo, los paradigmas de ceguera inducida por el movimiento consiguen que los sujetos vean y dejen de ver puntos amarillos que están delante de ellos todo el tiempo, alterando solo el fondo en el que se encuentran. Téngase en cuenta el calado de estos experimentos, pues los puntos amarillos suponen unos estímulos visuales que impactan en la retina todo el tiempo, pero solo acceden a la conciencia en determinadas circunstancias según el fondo móvil. Por otra parte, están los experimentos de percepción biestable que comentábamos en el capítulo anterior, en los que una misma imagen puede dar lugar a dos percepciones distintas: dos caras enfrentadas o un cáliz, una mujer joven u otra anciana, según los ejemplos más característicos. Por último, los experimentos de enmascaramiento visual, que explicábamos en el capítulo del modelo del espacio de trabajo global, permiten estudiar el acceso o no a la conciencia de ciertos estímulos cuando se presentan inmediatamente seguidos de otras imágenes que los enmascaran.

Con respecto a la introspección como fuente legítima de información, simplemente asumiremos que las personas son capaces de informar cuándo han tenido un acceso consciente a un estímulo y cuándo no. Como puede observarse, todos los paradigmas experimentales mencionados más arriba atribuyen esta capacidad a los participantes en las investigaciones.

Una vez fijadas estas reglas del juego, veamos de qué manera podemos estudiar la conciencia en relación con la actividad y estructura cerebrales, y así ir comprendiendo los detalles del modelo del procesamiento predictivo.

III

El primer dato importante en el abordaje neurocientífico de la conciencia es que la actividad en el cerebro es distinta ante un estímulo visual, según este sea consciente o no. En el año 2000, un equipo israelí del Instituto de Ciencia Weizmann empleó el paradigma del enmascaramiento visual para demostrar que la actividad de la corteza visual primaria, aquella región de la corteza cerebral a la que llegan en primer lugar los estímulos visuales, no parece tener relación con el acceso a la conciencia de imágenes más o menos enmascaradas. Sin embargo, otras regiones que tratan con información más integrada, podríamos decir menos especializadas, como la corteza occipital lateral o la corteza prefrontal, muestran un patrón de actividad consistente con el reconocimiento consciente por parte de los voluntarios. Un año después, el equipo de Dehaene corroboró y amplió estos resultados, mostrando que la corteza visual primaria se activaba de manera muy restringida cuando los voluntarios eran expuestos a palabras enmascaradas, es decir, de las que no eran conscientes; sin embargo, cuando eran capaces de informar acerca de la palabra que habían visto, se daba una actividad cerebral mucho más distribuida, incluyendo la corteza visual primaria, pero también otras regiones frontales, parietales y temporales. Teniendo en cuenta este punto de partida, encontramos cuatro ideas recogidas por DEHAENE, relevantes para el modelo de la conciencia en el cerebro predictivo: la existencia de un sistema de supervisión, la capacidad limitada, la presencia de bucles de reentrada, y la existencia de un espacio interno de síntesis, mantenimiento y distribución de la información.

El primer punto, la existencia de un sistema de supervisión, retoma la descripción hecha por William JAMES (1842-1910) a finales del siglo XIX, para quien la conciencia era lo que permitía la coordinación o supervisión de un sistema nervioso tan complejo como el humano. El segundo, la capacidad limitada, se refiere a que no podemos incorporar de manera consciente todos los estímulos que reciben nuestros sentidos. Por ello, nuestro organismo filtra aquellos que son más relevantes para la supervivencia. La idea de regulación de «arriba abajo» —*top down*— y la presencia de bucles de reentrada, es decir, el intercambio recursivo entre áreas, propuesto por EDELMAN, también sería clave. Además, la conciencia requeriría, como enfatizan EDELMAN y TONONI, tanto integración como diferenciación: debemos ser capaces de tener un alto número de estados mentales, pero al mismo tiempo percibir cada uno de ellos como una unidad. Victor LAMME propuso que se produciría la transmisión del impulso nervioso desde regiones especializadas —como, de nuevo, la corteza visual primaria en el caso de los estímulos de este sentido— a otras de procesamiento más integrado, pero también la reverberación desde estas áreas de mayor integración a aquellas más especializadas. La percepción consciente no se daría sin esta reverberación. La cuarta idea haría referencia al espacio de trabajo global de BAARS, con ese escenario en el que los diferentes estímulos compiten por devenir conscientes. Como hablábamos en el capítulo correspondiente, DEHAENE describió cómo esto se da en una red neuronal frontoparietal con axones de largo alcance, a la que se refirió como espacio de trabajo neuronal global.

En cuanto a sus correlatos cerebrales, la idea de la conciencia en el modelo del espacio límbico asume también la existencia de unas áreas más especializadas —p. ej., unimodales sensitivas— y otras que integran información de manera más abstracta. Sin embargo, su novedad reside en que las regiones en la cúspide jerárquica no son áreas frontoparietales de integración multimodal, sino las áreas corticales límbicas, entendiendo por estas las mesocortezas, relacionadas históricamente con las emociones. Para llegar a este replanteamiento de manera fluida, tiene que entrar en escena Lisa FELDMAN BARRETT y su original modo de entender las emociones.

IV

Lisa FELDMAN BARRETT (1963) es una reconocida psicóloga nacida en Toronto y profesora distinguida en la Northeastern University de Boston, experta en el estudio de las emociones desde el punto de vista del procesamiento predictivo. Fue pionera al defender que no hay emociones primarias o básicas, sino que toda emoción es construida. La motivación para ir contracorriente fue la *paradoja de las emociones*, que consiste en nuestra capacidad para distinguir claramente, en nosotros y en los demás, emociones tan definidas como el enfado, la alegría o la tristeza, y al mismo tiempo comprobar la imposibilidad de la ciencia para encontrar en nuestro cuerpo —incluido nuestro cerebro— un correlato claro y universal de cada emoción. Para ella, las emociones son categorías con numerosas instancias y gran variabilidad tanto a nivel de actividad cerebral como de otros aspectos, como podrían ser las expresiones faciales. En la primera década del siglo XXI, el neurocientífico Karl FRISTON (1959) estaba popularizando, a su estilo, el procesamiento predictivo como modelo explicativo del cerebro; FELDMAN BARRETT vio aquí una buena oportunidad de enriquecer su teoría de la afectividad. La otra influencia de la psicóloga, desde el otro lado del espectro de la neurociencia, fue la de la neuroanatomista Helen BARBAS, de la Boston University, especialista en la macro y microarquitectura de la corteza cerebral de primates.

Demos, en primer lugar, unas primeras pinceladas sobre el procesamiento predictivo. Este modo de interpretar mente y cerebro pretende romper la visión computacional de que, en la percepción, existe un *input* —el estímulo— que impacta sobre un sistema pasivo —el cerebro—, es procesado, y produce un *output* —la percepción consciente del estímulo, como la imagen «formada» en nuestras mentes—. Esta visión, triunfante en la segunda década del siglo XX, y quizá todavía dominadora en la neurociencia actual, ha sido atacada por todos sus flancos al resultar insuficiente para explicar tanto la actividad mental como la cerebral. El modelo del procesamiento predictivo propone que este es un órgano activo que desarrolla un modelo interno del mundo en base a la experiencia, y genera unas predicciones acerca de lo que puede recibir a través de las entradas sensitivas, tanto de la exterocepción —sobre aquellos estímulos externos a nosotros— como de la interocepción —lo que se refiere a nuestro propio cuerpo—. Al recibir la señal sensitiva, la expectativa se contrasta con ella, y la diferencia es un error de predicción que sirve para actualizar el modelo si es necesario.

¿Cómo se implementa esto en el cerebro? FRISTON propone que este está organizado jerárquicamente, de manera que hay niveles más bajos, especializados —p. ej., áreas sensitivas primarias a las que llega la entrada sensorial—, y otros que tratan información más integrada —multimodal—, es decir, con mayor nivel de abstracción. Entre estos módulos —o áreas— existen conexiones de «abajo arriba», que llevan la información de regiones más especializadas a más integradas, y otras de «arriba abajo», que las conectan en sentido contrario. A cada nivel, la señal que llega del nivel superior —predicción— se compara con la señal que llega del nivel inferior —percepción—, de manera que se genera un error de predicción que se envía al nivel superior y una predicción que se envía al nivel inferior. Desde hace décadas, hay poca discusión sobre las áreas sensitivas primarias de la corteza cerebral, es decir, aquellas que primero reciben la información visual, auditiva, táctil, gustativa u olfativa. Con respecto a las áreas de integración, al tener un espacio conceptual más ambiguo, ha habido una mayor discusión para determinar aquellas de mayor nivel de abstracción. Como hemos repetido varias veces a lo largo de *Libro*, DEHAENE las situaba en una red frontoparietal, similar a la propuesta de FRISTON. CHANES y FELDMAN BARRETT, sin embargo, van a recurrir a la neuroanatomía básica para elaborar una nueva propuesta.

V

En este punto es donde el modelo del procesamiento predictivo, la teoría de la afectividad, y las bases neurales de la conciencia se encuentran con las finas descripciones neuroanatómicas de Helen BARBAS y su equipo. El modelo de BARBAS clasifica la corteza cerebral de los primates según la estructura de las finas capas que la conforman. Demos varios pasos atrás: en la corteza cerebral, ese volumen sinuoso que advertimos al observar un cerebro, la sustancia gris —es decir, los cuerpos de las neuronas— se acumula en una fina capa de unos dos milímetros en su superficie. Si hacemos un corte trasversal a cualquier nivel del cerebro, lo más externo va a ser esa fina capa de cuerpos neuronales. Esta, por estrecha que parezca, tiene una estructura muy bien definida en algunas regiones del cerebro humano, llegando a formar hasta seis láminas distintas, designadas con números romanos desde la más externa a la más interna. Aunque no entraremos en más detalle, la organización de cada una de ellas tiene una gran relevancia para entender las conexiones de sus neuronas con otras partes de la corteza cerebral. Volviendo a BARBAS, su visión de la corteza cerebral propone que hay regiones de la misma que son *eulaminadas*, donde estas seis láminas son claramente visibles, mientras que hay otras *disgranulares* —donde no existe una clara separación entre las capas II y III, ni entre la V y la VI—, y otras *agranulares* —donde, además de lo anterior, no aparece la capa IV—. La transición entre unas regiones y otras no es discreta, bien definida, sino que se da un gradiente de transición entre zonas eulaminadas, disgranulares y agranulares, en que se van difuminando progresivamente los límites de las capas II y III, y V y VI, y va desapareciendo la capa IV. Es decir, pasamos de un mayor a un menor grado de diferenciación laminar.

Esta descripción no es meramente anatómica, sino también funcional: cualquier buen estudio de anatomía tiene implicaciones funcionales, como bien sabe la escuela neuroanatómica española fundada por don Santiago Ramón y Cajal. En el caso que nos ocupa, las conexiones «de abajo arriba» ocurren desde cortezas con mayor grado de diferenciación laminar a cortezas con menor grado de diferenciación laminar, es decir, van de eulaminadas a disgranulares y a agranulares, mientras que las de «arriba abajo» transcurren en sentido opuesto, desde áreas de menor a mayor grado de diferenciación laminar —de agranulares, progresivamente, hasta las eulaminadas—. ¿Cuáles son, entonces, las cortezas con capas poco definidas? Son las llamadas mesocortezas o áreas corticales límbicas (agranulares y disgranulares), visibles principalmente en la cara medial del hemisferio cerebral. Para aquellos con nociones básicas de neuroanatomía, esta afirmación debería ser chocante. Estas regiones corticales límbicas son filogenéticamente más antiguas —es decir, que ya aparecen en animales primitivos—, e históricamente se les ha relacionado con las emociones. Para Chanes y Barrett, dado que las predicciones van de arriba abajo y el error de predicción en sentido contrario, la consecuencia directa es que estas áreas ocuparían niveles altos en la jerarquía, manejando conceptos más abstractos que vinculan la información interoceptiva y exteroceptiva, generando expectativas altamente integradas y de relevancia alostática que se propagarían hacia niveles más especializados. Al estar situadas en una posición central, se conectan de forma efectiva virtualmente con todo el cerebro. Parafraseando a Baars, se podría denominar un *espacio de trabajo global límbico*: ténganse en cuenta las diferencias con la propuesta de Dehaene, para quien las áreas responsables son una red frontoparietal de regiones multimodales que, para Chanes y Barrett, se encuentran entre las áreas unimodales —las más básicas— y las corticales límbicas —las de mayor nivel jerárquico en la neocorteza—.

En conclusión, este modelo de procesamiento predictivo defiende que las áreas corticales límbicas (mesocortezas) están en el núcleo de nuestro modelo interno del mundo, iniciando predicciones como resúmenes efectivos que se envían al resto de regiones del cerebro. Estas predicciones se vuelven más específicas según van llegando a zonas más especializadas de la corteza cerebral, que tienen un patrón más definido en su estructura laminar. Al integrar de forma natural el punto de vista de la interocepción, el *espacio de trabajo límbico* permite explicar la percepción consciente desde el punto de vista de alguien que tiene un cuerpo: una mente encarnada.

VI

Esta posición central de las cortezas límbicas viene refrendada por estudios que demuestran que son más plásticas, pero también más vulnerables. Por ejemplo, un trabajo del equipo de Barbas, llevado a cabo por el español Miguel Ángel García-Cabezas (1974), muestra que las cortezas límbicas en el cerebro adulto tienen una menor expresión de marcadores de estabilidad cortical, tales como la mielina intracortical, las redes perineuronales y las neuronas inhibidoras que expresan la proteína parvalbúmina. Obviando los tecnicismos, estos son marcadores moleculares de una limitación de la plasticidad: las regiones que los expresan con mayor intensidad son menos propensas a sufrir cambios como fruto de la experiencia. Como era previsible según lo descrito más arriba, son las áreas eulaminadas las que presentan una mayor expresión de estos marcadores. Por otro lado, las cortezas límbicas, con menor expresión de estos marcadores, destacan por la presencia de una proteína relacionada con la plasticidad sináptica —una quinasa dependiente de calcio-calmodulina cinasa II (CaMKII)—. Además, presentan mayores índices de un marcador de astrocitos activados, que a su vez indica la posibilidad de estrés celular. Por ello, la conclusión es que las cortezas límbicas están abiertas a una mayor plasticidad, y, precisamente por ello, son más vulnerables al estrés neuronal. Otros grupos de investigación, como el de Giaccio en 2006, han mostrado cómo las lesiones en áreas límbicas se traducen en enfermedades con síntomas más globales, mientras que aquellas en regiones eulaminadas suelen relacionarse con trastornos más específicos y funcionalmente restringidos. De hecho, como muestra Goodkind en 2015, enfermedades como la esquizofrenia, trastorno bipolar, depresión, adicción, trastorno obsesivo-compulsivo y ansiedad se han asociado a una pérdida significativa de sustancia gris en áreas límbicas, tales como la ínsula anterior y la corteza cingulada anterior.

Profundizando en alguna de estas enfermedades, ¿cómo podemos entender la depresión desde el punto de vista del procesamiento predictivo y del espacio de trabajo límbico? Helen Mayberg identificó en 1999, asociada a la depresión, una hiperactividad en la corteza cingulada subgenual, parte de la corteza límbica, mientras que las áreas multimodales estaban menos activas. De hecho, desde hace unos años se emplea como tratamiento de la depresión una estimulación profunda de la corteza subgenual para disminuir su activación, así como una estimulación superficial de la corteza prefrontal dorsolateral para mitigar su hipoactivación. Desde el punto de vista del modelo que presentamos en este capítulo, las áreas corticales límbicas, debido a su hiperactividad, no serían capaces de procesar el error de predicción que procede de áreas más laminadas, por lo que la persona estaría en un modo excesivamente predictivo, encerrada de alguna manera en su modelo interno, sin recursos para actualizarlo en base a nuevos estímulos. Esto es consistente con lo observado en la depresión desde un punto de vista fenomenológico.

En el caso del autismo, sin embargo, las cortezas asociativas multimodales estarían intactas, pero las límbicas verían su funcionamiento alterado a la baja. Estudios *post mortem* en personas con esa condición revelan que, efectivamente, las neuronas de las regiones límbicas tienen alterados sus axones. Esto se relacionaría con una limitación en la capacidad de abstracción, con posibles consecuencias para la expresión del lenguaje o a la conducta social de la persona. Por ello, la afectación no estaría en estos dominios específicos, sino en la capacidad global de generar expectativas abstractas sobre el mundo.

CONCLUSIONES

Como se explicaba al principio, este modelo no pretende explicar la conciencia por completo, sino aportar hechos científicos que ayuden a comprenderla un poco mejor. Desde un punto de vista fenomenológico, el modelo de la conciencia en el contexto del procesamiento predictivo sugiere que la experiencia consciente está asociada con una actividad distribuida, una organización jerárquica de la abstracción, una reverberación de la actividad neural entre esos módulos jerárquicos, tanto en una dirección como en otra, y todo ello en relación con los objetivos del organismo, conscientes o inconscientes. Con respecto a los otros modelos, tiene la ventaja de considerar el desarrollo del organismo: mientras que en los demás se parte de un adulto con su experiencia consciente ya configurada, el actual admite que el organismo es una mente encarnada en la que la conciencia se va configurando a través de la interacción con el medio y del propio estado del sistema. Además, el diálogo con la neuroanatomía *de precisión* permite validar la propuesta teórica con la realidad estructural del cerebro humano, e incluso dar explicaciones novedosas a ciertas enfermedades mentales que pueden tener relevancia clínica.

El gran punto de mejora de este modelo, como el de cualquier aproximación que trate de abordar cómo un fenómeno mental complejo se relaciona con el cerebro, es justificar el salto entre la actividad de regiones límbicas del cerebro y la generación de un sistema de expectativas. ¿Cuál es la relación entre el grado de diferenciación laminar, mayor o menor, de un área cerebral y la generación de expectativas más abstractas o más específicas? ¿Cuál es el lenguaje común de las expectativas, las percepciones y los errores de predicción a nivel cerebral y a nivel mental, sea consciente o no? La consideración de estas cuestiones hace que el futuro de este modelo sea aún más prometedor.

Volviendo a la experiencia de la madre con el bebé que veía la lluvia por primera vez, es muy probable que, en la primera, la percepción estuviera regida por el resultado de años de experiencia con la lluvia, y que no se produjera una actualización de las expectativas del modelo. Quizá, eso sí, cabría esperar una cierta integración de las emociones como consecuencia de ver esa escena con su hijo por primera vez. Para él, tuvo que suponer la primera prueba experimentada sobre el concepto de lluvia, que fue incorporada al modelo interno de expectativas que iba configurando, y constituyendo la base de lo que esperar en el futuro. Si esta primera experiencia se hubiera dado en una situación de estrés o de afectividad negativa, sería mucho más probable que se formara un sistema de expectativas en torno a la lluvia asociado a esas emociones.

Por ello, la infancia tiene una gran importancia en la experiencia consciente que tendremos de adultos, para bien y para mal: empieza a configurar un sistema de expectativas que afectará al modo en que percibamos al mundo.

LECTURAS RECOMENDADAS

Barbas, Helen, «General cortical and special prefrontal connections: principles from structure to function», *Annual Review of Neuroscience* 38: 269-89, 2015.

Barret, Lisa, *La vida secreta del cerebro: Cómo se construyen las emociones*, Barcelona, Paidós.

Chanes, Lorena; Barrett, Lisa F., «The Predictive Brain, Conscious Experience, and Brain-related conditions», en Mendonça, Dina; Curado, Manuel; Gouveia, Steven S., (eds.), *The Philosophy and Science of Predictive Processing*, Londres, Bloomsbury Publishing, 2020, pp. 159-169.

Chanes, Lorena; Feldman-Barrett, Lisa, «Redefining the Role of Limbic Areas in Cortical Processing», *Trends in Cognitive Sciences* 20(2): 96-106, 2016.

Chanes, Lorena; Quentin, Romain; Tallon-Baudry, Catherine; Valero-Cabré, Antoni, «Causal frequency-specific contributions of frontal spatiotemporal patterns induced by non-invasive neurostimulation to human visual performance», *Journal of Neuroscience* 33(11): 5000-5005, 2013.

Clark, Andy, «Whatever next? Predictive brains, situated agents, and the future of cognitive science», *Behavioral and Brain Sciences* 36(3): 181-204, 2013.

Friston, Karl, «The free-energy principle: a unified brain theory?», *Nature Reviews Neuroscience* 11: 127-138, 2010.

— «The history of the future of the Bayesian brain», *Neuroimage* 62-248(2): 1230-1233, 2012.

García-Cabezas, Miguel Ángel; Joyce, Mary Kate; John, Yohan; Zikopoulos, Basilis; Barbas, Helen, «Mirror trends of plasticity and stability indicators in primate prefrontal cortex», *European Journal of Neuroscience* 46(8): 2392-2405, 2017.

GOODKIND, Madeleine, *et al.*, «Identification of a Common Neurobiological Substrate for Mental Illness», *JAMA Psychiatry* 72(4): 305-315, 2015.

GRILL-SPECTOR, Kalanit; KUSHNIR, Tammar; HENDLER, Talma; MALACH, Rafael, «The dynamics of object-selective activation correlate with recognition performance in humans», *Nature Neuroscience* 3: 837-843, 2000.

LAUREYS, Steven; PERRIN, Fabien; BREDART, Serge, «Self-consciousness in non-communicative patients», *Consciousness and Cognition* 16(3): 722-741, 2007.

ZHANG, Jiahe, *et al.*, «Topography Impacts Topology: Anatomically Central Areas Exhibit a "High-Level Connector" Profile in the Human Cortex», *Cerebral Cortex* 30(3): 1357-1365, 2020.

EPÍLOGO

JAVIER BERNÁCER

Durante una larga noche de finales de junio de 1998, en Bremen (Alemania), un filósofo con aspecto de estrella del rock y un neurocientífico de rostro afable, unos diez años mayor que el primero, comparten unas cervezas con otros académicos. Dentro del buen clima, ambos discuten sobre la capacidad de las ciencias experimentales, y en particular de la neurociencia, para explicar la conciencia. El científico está convencido de que veinticinco años después de aquella conversación alguien habrá encontrado un patrón de actividad neuronal que pueda relacionarse sin lugar a dudas con la conciencia. El filósofo lo niega. No en vano, unos pocos años atrás había enunciado el *problema difícil de la conciencia*. Ambos acordaron poner en juego una caja de vino de calidad excelente, y dirimir veinticinco años después quién era merecedor del mismo.

Esta es la versión de los hechos de Per SNAPRUD, periodista sueco, quien entrevistó a David CHALMERS —el filósofo en cuestión— tras su apuesta con Christof KOCH, hoy día director del Allen Institute para el estudio del cerebro, en Seattle. Veinte años después, SNAPRUD contactó con ambos para preguntarles cómo veían el desenlace de la apuesta, una vez transcurrida buena parte del margen temporal acordado. Ninguno de los dos recordaba los términos de la misma. Por suerte, el periodista había grabado en una casete su conversación con CHALMERS, y pudieron aclararlo: «un pequeño grupo de neuronas caracterizadas por una pequeña lista de propiedades intrínsecas. Creo que dijimos menos de diez». La controversia se reavivó en un intercambio de correos electrónicos durante aquel 2018. KOCH, defensor de la teoría de la información integrada de TONONI, le decía a CHALMERS que todo parecía apuntar a que las neuronas de la corteza parietal posterior serían el ansiado correlato neural de la conciencia. Chalmers, sin ponerse nervioso, recordaba que ese pequeño grupo de neuronas con sus diez o menos propiedades intrínsecas tenían que estar relacionadas con la experiencia subjetiva, y dudaba de que la información integrada contara como una propiedad intrínseca de las neuronas. En una videollamada, Chalmers explicaba a Koch, con Snaprud como testigo, que la apuesta suponía encontrar un tipo *especial* de neuronas que estuvieran a cargo de esa experiencia subjetiva. El neurocientífico reconocía la dificultad de la empresa, pero aprovechaba para sacar músculo: «Bueno, Dave, eso no lo sabemos. Es lo que hace nuestro instituto, y acabamos de recibir ciento veinte millones de dólares para seguir haciéndolo».

Entre el 22 y el 25 de junio de 2023, se celebró en la ciudad de Nueva York la 26.ª edición del Congreso de la Asociación para el Estudio Científico de la Conciencia (ASSC, *Association for the Scientific Study of Consciousness*). Era una excusa ideal para dictaminar el ganador de la apuesta. Chalmers jugaba en casa, pues era codirector del congreso, junto con Ned Block. El viernes 23 de junio, Koch y su colega filósofo se sentaban en el escenario del salón de actos de la Universidad de Nueva York. A pesar de los años, Chalmers seguía pareciendo una estrella del rock, y las coloridas ropas de Koch le daban todavía un aspecto jovial. Era el momento de dictar sentencia, y una palabra actuó de jueza: para que Koch ganara, las pruebas de los correlatos de la conciencia tendrían que ser *claras*. «Lo que está claro es que no hay nada claro», dijo Chalmers. A Koch no le quedó otro remedio que sonreír y aceptar su derrota. Fue a un lado del escenario, y descubrió una caja de vino que había permanecido oculta al espectador. Todos rieron. Sin embargo, como en una buena serie que llega al final de temporada, todavía no se había alcanzado el desenlace: Koch prometió que veinticinco años después, cuando ya fuera nonagenario, los neurocientíficos habrían encontrado la claridad que ahora les faltaba. Doble o nada. Chalmers, sin dudarlo, estrechó la mano que se le ofrecía. «Espero perder, pero sospecho que ganaré», sentenció.

Este *Libro* habrá tenido éxito si el lector comprende dos aspectos de esta apuesta: la tranquilidad de Chalmers y la ingenua ilusión de Koch. Aquellos filósofos escépticos con la *naturalización* de la conciencia —y recordemos que no todos lo son— siempre tienen un as en la manga: la intimidad insuperable de la experiencia subjetiva. No podemos experimentar qué siente un murciélago siendo un murciélago, pero tampoco cómo ve una persona con daltonismo, qué se le pasa por la cabeza a la estrella del baloncesto cuando afronta un tiro libre decisivo, o si soy la única persona consciente en este mundo. Simplemente, es imposible. Por ello, cualquier *correlato neural de la conciencia* será una solución parcial. El propio CHALMERS ya lo advirtió: un correlato no es una explicación. Supongamos que dentro de veinticinco años se ha hallado un pequeño conjunto de neuronas con unas propiedades especiales, del tipo que sea, y que me permiten percibir la rojez del rojo. Se encuentran sin lugar a dudas en todas las personas capaces de percibir este color y, cuando se inactivan por métodos artificiales, la persona ve los objetos rojos en tonos grises. Más aún, la sobreexcitación de esta población hace que el 100 por 100 de las personas bajo escrutinio informen de que ven los colores rojos aún más rojos. El KOCH de turno no tendría duda: en esta ocasión, las cajas de vino irían para él. Su contraparte filosófica, con la misma calma de siempre, diría: «Amigo, has encontrado una causa necesaria para que se produzca una experiencia subjetiva concreta; sin embargo, no es una causa suficiente, ni tampoco explicas por qué o cómo se da la experiencia subjetiva en sí misma». Mary, al salir de su habitación monocromática, descubrirá un mundo nuevo.

En este caso, la neurociencia y la filosofía están hablando idiomas distintos. Y lo hacen porque *deben hacerlo*. La primera, en su afán por encontrar procesos naturales claros y distintos sobre los que investigar desde el método científico, tiene que simplificar la realidad y situarla en un terreno de juego con unas normas muy concretas. La segunda, como guardiana de la realidad y comprometida con la verdad —que en muchas ocasiones va más allá de lo sensible—, debe llegar hasta las causas primeras, cueste lo que cueste. Entonces, ¿debemos perder toda esperanza en encontrar una solución satisfactoria para ambas? No necesariamente: existen, al menos, dos caminos distintos por los que llegar a un espacio común. El primero de ellos no es nada del otro mundo, y simplemente supone humildad intelectual y apertura de miras. El científico debe ser consciente de que su método, en la inmensa mayoría de los casos, supone una alteración de la realidad y no una explicación de la misma. Por tanto, la cautela es imperativa en sus interpretaciones. El filósofo, por su parte, debe comprender que la ciencia aporta una visión imprescindible de la realidad, y que, bien entendida, ayuda a comprender cómo se entrelazan los mimbres de los que está formada. En el caso del estudio de la conciencia, ambos campos del saber están ayudando a tener una mejor comprensión del ser humano, que no es poco. Habiendo tanto en juego, tal como el sufrimiento ante una patología mental, la colaboración debería imponerse al enfrentamiento.

En este primer camino no es necesario el desarrollo de un lenguaje común: es admisible que científicos y filósofos hablen sus propios idiomas, aunque unos deberían dominar el lenguaje de los otros, y viceversa.

El segundo camino es más audaz, y supone la elaboración de un nuevo campo del saber que afronte el estudio empírico de la conciencia *tal como es*, sin verse alterada para encajar en los métodos de una ciencia determinada. De las teorías científicas de la conciencia introducidas en este *Libro*, la del espacio de trabajo neuronal global y la temporoespacial tienen una mayor dependencia de las técnicas funcionales de hoy día para estudiar el cerebro, sobre todo la electroencefalografía y la resonancia magnética funcional. NORTHOFF, en cualquier caso, propone aproximaciones novedosas y destaca la actividad cerebral espontánea. Por otra parte, las teorías de DEHAENE y TONONI se apoyan en una visión computacional o digital de las neuronas, lo cual supone una gran simplificación. ¿Y si la clave de la conciencia estuviera, por ejemplo, en los procesos cuánticos que ocurren en los microtúbulos neuronales, como proponen HAMEROFF y PENROSE? Esta hipótesis es muy controvertida, y se trae a colación solo para destacar la plausibilidad de que los procesos moleculares en las neuronas, que conllevan un gasto de energía enorme, puedan tener algo que ver con la experiencia consciente. El modelo de CHANES, por su parte, tiene su origen en una visión del cerebro abierta al entorno, y se sustenta en datos funcionales y anatómicos en tejido *post mortem*. Este último tipo de estudios supone la observación más fehaciente y detallada de la estructura del sistema nervioso, sin las limitaciones técnicas de la neuroimagen.

Todos estos modelos científicos tienen una base filosófica, aspiran a explicar cierto aspecto de la conciencia, e invitan a interpretar la función y anatomía cerebral de modo original. Así, van creando esos nuevos espacios comunes donde las disciplinas dejan de tener límites claros, y la realidad se impone a las metodologías estancas. Esto no es algo nuevo, sino la vuelta al modo de hacer investigación cuando se daba más importancia a la creatividad que a los avances técnicos. Uno de los grandes personajes *adisciplinares* es William JAMES, al que unos conocen como filósofo, otros como psicólogo, otros como fisiólogo, y otros como neurobiólogo. Él se sintió fracasar en su empeño por hacer una psicología científica fundamentada en el estudio del sistema nervioso. Sin embargo, sus brillantes ideas sobre la conciencia, la atención o la emoción fueron la llama que sirvió para impulsar el conocimiento en psicología y neurociencia, sin mencionar su contribución a la filosofía como padre del pragmatismo. Al final de su *Psychology: Briefer course* expresa lo siguiente acerca de la psicología:

> «Esto no es una ciencia, sino la esperanza de una ciencia. El problema de la ciencia se cierne sobre nosotros. Algo pasa cuando a cierto estado cerebral le corresponde cierta «*sciencia*» [experiencia subjetiva]. Un destello genuino de

aquello sería *el* logro científico definitivo, ante el cual todos los logros anteriores palidecerían. Pero por el momento la psicología está en la misma condición que la física antes de GALILEO y las leyes de la física, o de la química antes de LAVOISIER y la noción de que la masa se conserva en toda reacción. El GALILEO y el LAVOISIER de la psicología serán famosos cuando vengan, y seguro que vendrán [...]. Cuando lo hagan, serán considerados "metafísicos" por necesidad. Mientras tanto, el mejor modo de facilitar su advenimiento es comprender cuán grande es la oscuridad en la que vamos a tientas, y no olvidar nunca que las suposiciones de la ciencia natural de las que partimos son provisionales y revisables» (JAMES: 335).

Sigamos preparando, por tanto, el camino para que lleguen los GALILEOS, LAVOISIERS, EINSTEINS o CURIES del estudio de la conciencia. El resto debemos sentirnos con la responsabilidad e ilusión de ir abonando un terreno nuevo, original, donde estas brillantes personas reciban la formación interdisciplinar que les haga ver la realidad de la manera en la que nosotros somos incapaces de hacerlo.